永遠不再——

臺灣威權體制下的壓迫與抵抗

目次

第二部・抵抗

館長序

文／洪世芳

國家人權博物館自開館以來，藉由歷史研究、政治檔案解讀、專書出版及展覽策辦等多元途徑，希望能讓社會大眾從中思考威權時期政府對人民的控制，理解「轉型正義」的重要性。

人權館位處於往昔臺灣人權受侵害的場域，展覽伴隨著「人權」與「空間」相互交錯的概念，承擔多樣的功能，具備相關的知識性，促進社會大眾認識威權統治，另外也具備一定的對話性，讓彼此互不相容的意見，可以在展場當中獲得溝通的機會。以「人權」為核心價值，進行空間復原與再現，並打造為持續對話與反思的場域，是人權館推動轉型正義的一項重要任務。

《永遠不再》是配合人權館「白色恐怖歷史現場——白色恐怖景美紀念園區主題展」推廣人權教育的出版品，目的是輔助展覽並擴充觀展者，有關白色恐怖複雜歷史及臺灣威權體制，更多結構性與脈絡性的知識介紹，一來可讓觀展者透過人權視角審視自身白色恐怖記憶，並回顧與檢視昔日人權侵害的歷史；二來可讓觀展者更深入了解，關於白色恐怖歷史現場展之人權教育推廣議題及概念。

因此人權館邀請數位對上述議題或相關領域有所涉獵的專家、作者，提供他們的見解。在本書的第一個單元裡，我們先談「壓迫」，涉及講述黨國體制的介紹及其法律體系、社會控制、軍事審判及其人權侵害、刑罰執行空間的演變，讓讀者對於臺灣白恐歷史與威權體制整體結構性對於人權的壓迫與侵害，有更深的瞭解。

第二單元則是聚焦於「抵抗」，包含臺灣省工作委員會的形成脈絡、外省軍人的白色恐怖歷史圖像、原住民受害案件、馬祖列嶼的前線白色恐怖，以各類人權侵害與抵抗運動，透過人權的視角及討論，讓讀者反思過去，最後談臺灣的獨立運動及民主化運動，凸顯臺灣艱辛的民主之路，是多麼得來不易且值得珍惜。

歷史、知識與人權的啟蒙不僅能促進社會共同記憶、反省錯誤歷史，還可以在面對過去的同時，發想建構未來的可能性，並且預防過去的錯誤，永遠不再發生，如同本書《永遠不再》最終的深切意涵。在此感謝所有參與其中的工作夥伴，希望透過本書的出版，能讓大眾對於白恐歷史、威權體制、轉型正義等人權相關議題有更深的理解與認知，並進一步肯認自由、民主及人權價值。

推薦序（注1）

文／陳俊宏

一個民主政體如何針對先前威權政體對人權的侵犯行為，從事真相調查、賠償或追究，是成就轉型正義的重要政治工程，而如何透過制度設計與政策規劃，在避免「太多的記憶或太多的遺忘之間」找到平衡點，以達致政治和解、確保惡行「永遠不再」（never again）的目標，更是一個民主轉型社會持續關注的課題。然而在許多國家的轉型經驗中證明，如何才能成就惡行「永遠不再」的目標，除了進行制度性的改革之外，如何對過去進行深刻的反省，也是社會邁向和解、確保惡行不再的重要任務。因為深刻反省「不民主」的過去，將替獨裁政權壓制的過去與民主轉型的未來，提供一個積極的橋樑，使威權遺緒得以轉變為民主的資產，刻畫出民主的前景與未來。

因此追憶（memorialization）是轉型正義的重要過程。近年來，「記憶研究」（memory study）不僅成為跨學科的重要研究領域，更是轉型正義研究的重要課題。而強調透過「文化介入」（cultural intervention）處理過去的政治暴力與創傷記憶，是近年國際社會推動轉型正義的重要趨勢，因為不同的文化介入途徑，可以有效傳達因人權侵害事實而引發的情感反應，例如痛苦、悲憫、苦難、憤怒等情感的複雜性，對於喚醒未曾經歷過暴力創傷歷史的年輕世代的同理心，進而以行動支持，扮演重要的角色。

倘若集體記憶的保存與再現，是避免未來暴力再度發生的重要任務，應該如何進行集體記憶的保存與再現？如果保存的集體記憶不再是彰顯民族的偉大與榮耀，而是揭露過去的錯誤或不光榮的歷史，哪些記憶應該保存，哪些記憶應該遺忘？透過何種方式再現與傳遞這些歷史創傷？如何讓未曾體驗過暴力創傷的年輕人，體認歷史的教訓，讓過去政治暴力記憶的傳承，作為未來民主公民的心理基礎？

本文以國家人權博物館白色恐怖景美紀念園區「白色恐怖歷史現場」主題展為焦點，針對展示的目標、內容與手法，提供一個初步的概覽，搭配本書各章節內容的安排，希望有助於讀者理解臺灣在推動轉型正義的歷程中，博物館在集體記憶保存與再現所扮演的角色及其可能。

追憶與轉型正義

作為保障基本人權、維護世界和平的國際組織，聯合國多年來推動轉型正義工程不遺餘力，持續推動一個全面性的轉型正義途徑（holistic approach），強調「促進真相」、「正義」、「賠償」與「保證不再發生」，是轉型正義的四大元素，在概念和經驗上並非隨機的組合，而是彼此相關且具有互補的關係（注2）。擔任聯合國首任「促進真相、正義、賠償與保證不再發生之特別報告員」（Special Rapporteur on the promotion of truth, justice, reparation and guarantees of non-recurrence）的巴勃羅・德・格雷夫（Pablo de Greiff）教授曾指出，許多國家推動轉型正義的經驗一再證明，在這四大元素間進行權衡取捨或是有所偏廢，都不利於轉型正義工程的進行，而和解的目標更不可能在缺乏這些元素的前提下實現（注3）。

然而轉型正義工程的成功與否，除了上述四項制度與法律工程之外，還須讓社會大眾有所共鳴與反思，對處理過去的歷史傷痛，從冷漠轉為同理，進而以行動支持，才能避免重蹈歷史覆轍。因此格雷夫教授指出，轉型正義工程不只限於制度性的改革，還需要在文化領域和個人傾向（dispositions）有所改變，透過教育、藝術和其他文化介入措施，以及檔案與文獻的保存與整理，都將有助於社會面對與處理過去人權侵害的遺緒。特別是面對系統性與結構性的人權侵害，避免轉型正義的推動導致制度性偏差（institutional bias），需要藉由不同文化介入的措施，讓受難者的聲音與身影被看見，喚醒社會對於體制性暴力與侵害的認識與反省（注4）。

近年來，聯合國更強調集體記憶保存的重要性。例如第二任「促進真相、正義、賠償與保證不再發生之特別報告員」Fabián Salvioli 即強調，沒有過去的記憶，就不可能獲得真相、正義和賠償的權利，也無法保證不會重蹈覆轍，因此追憶（memorialization）是轉型正義的第五根支柱。保存集體記憶不僅有助於其他四個目標的實施，也是使社會擺脫仇恨和衝突思維，並邁向和平文化進程的重要工具。因為對過去不正義的理解、以及基於理解而來的反省，或許是防止暴政在未來再度發生的重要機制（注5）。換言之，如果集體記憶的保存與再現，對於「後衝突社會」形塑民主文化扮演重要角色，則在推動轉型正義與民主建構工程中，必須予以高度重視。

因此，轉型正義的工作不能止於加害者和被害者的究責與賠償，也不只是法律與制度改革，而是轉型社會必須互相對話學習、共同嚴肅面對的一場文化反省運動，藉助對過去的反省來建立民主文化。唯有社會共同思索與反省過去發生了什麼、為什麼發生、如何發生；以及未來如何避免惡行「永不再發生」，才能有助於道德共同體的重建。

事實上，從國際人權運動的發展脈絡來說，集體記憶的保存與國際人權體制的發展密不可分。Andreas Huyssen 即指出自二十世紀以來，記憶政治與人權論述兩者之間交錯的三個重要關鍵時刻：二戰後對獨裁與大屠殺記憶的喚醒、蘇聯及中東歐共產政權垮臺、拉丁美洲獨裁政權與種族隔離制度的結束，以及二十世紀末期前南斯拉夫與盧安達的種族清洗；人權論述與記憶論述並行，透過處理過去人權侵害的歷史，喚醒國際社會的重視並採取行動，以追求避免未來再度發生的目標。正如 Huyssen 所言：「記憶政治持續保有的力量，依然是在未來得以確保人權的基本要素。」（注6）

另一方面，我們可以從博物館在國際的發展趨勢，理解集體記憶與人權保障之間的交織發展。加拿大博物館學者 Jennifer Carter 以人權議題在博物館的發展脈絡，將人權博物館的演變分為三波浪潮（注7）。與二戰後人權論述發展相呼應，第一波浪潮始於一九五〇年代，主要是以紀念特定大規模侵害人權歷史事件的紀念館出現。這一階段中，紀念館連結新形式的記憶論述，以各種展示方式呈現受害者生命故事（如物件、口述史和錄影），象徵性地修復其道德與尊嚴，並為受害社群發聲。

第二階段則於二十世紀晚期開始發展，主要強調從紀念走向行動主義，而在敘述策略上，博物館除了集中在遭受歷史和社會不正義的受害者故事，及其抵抗不正義之韌性，也將焦點置於相關的倡議社群。在展示策略上，則透過展示設計將觀眾定位為暴行的見證者，並試圖使觀眾由目擊者轉化為人權運動的倡議者。

博物館的第三波浪潮則大約起源於二十一世紀初期，有些人權博物館建構的脈絡來自於國家啟動轉型正義工程處理過去的歷史暴行，博物館的成立作為象徵性的賠償措施（symbolic reparations），除了進行追思紀念之外，並致力於社會療癒。在這類型的博物館中，除了呈現歷史性的主題之外，並廣泛與社會階層有所連結，亦試圖涉及當代議題，促進社會發展人權文化。這種新型態的人權博物館，試圖展示與再現過去的創傷與暴力，鼓勵觀眾批判性地參與並深入地反思行為。基於人權博物館學（human rights museology）（注8），此類型的博物館具有幾種特徵：首先，它是為了人及其背後的故事而存在的，博物館的存在作為一項「提醒」，其傳達的理念之重要性更甚於物件本身，例如要強調人權侵害的事實，則暴力創傷的受難者生命經驗將是展示的核心，它強調為受害者發聲，透過受難者生命故事的再現，肯認與紀念受難者，恢復受難者的尊嚴。其次，在展示策略上，採取情感性的途徑進行社會溝通，以感動人心的溝通方式（emotive）取代傳統說教的模式，將觀眾放在一個見證他者苦難的角色，喚起觀眾的同理心，獲得有力的學習經驗，以利於個人道德信念的轉變。第三，強調博物館行動主義（museum activism），使博物館成為容納多元聲音和對話以討論正義之場域，為個人和集體參與人權的實踐，提供多元化的倡議行動。

從上述的分析可知，人權博物館作為對話的場域，讓當下的觀眾與創傷的過去交會，或許可以讓博物館成為希望的實踐場域。然而創傷的記憶如何進行公開展示？過去傷痛歷史的記憶，如何觸發人們的道德動機，而不是觸發復仇，或者其他可能傷害人權的回應。例如，更逃避自己責任、更被動的社會參與？如果集體記憶是社會建構的，也具有高度政治性與爭議性，倘若展示的目的只是為了滿足當前的政治訴求，不僅無助於社會的和解與重建，更可能導致分裂與衝突。另一方面，在展示手法上如何避免將創傷故事過於感傷或浪漫化的再現，或是讓觀眾感到幸災樂禍，也是博物館進行創傷歷史展示過程中需要重視的議題。

困難知識如何展示？

近年來學界出現許多探討創傷歷史教學與展示的相關研究文獻，從不同的學科與研究途徑，探討創傷歷史如何教學與展示，學界稱之為困難知識（difficult knowledge）（注9）。例如加拿大教育學者 Roger Simon 在研究博物館如何進行創傷歷史的展示，指出藉由博物館以特定的展示方式呈現過去，可以觸發觀眾情緒進而影響觀眾對過去的思考、判斷與行動。因此，將博物館空間視為過去與現在的重要交會點，這種交會是跨越時空，以及是當下的觀眾與「缺席的他者」（absent others）之間的交會。然而困難知識之所以困難，在於對於「他者經驗」的再現，不只是歷史如何被呈現而已，同時包括自我透過與「知識的他者性」（otherness of knowledge）交遇之後，並未強化學習者「認為」已知的事物，反而破壞了其穩定性，由此產生的新知識，複雜化了學習者的理解與想像。因此，困難知識在本質上並非是附著在特定的作品意象或是論述當中，它之所以困難，不只是因為知識的創傷內容本身，而在於學習者與這些內容的交遇，也是充滿不安的：

所謂困難知識，並不固有於特定的文物、圖像和論述中，意即，不應將困難視為特定知識本身的特徵或屬性。更確切地來說，在困難知識中困難的軌跡存在於不確定但可能存在問題的關係中，包括困難知識與觀展經驗所激發的情感力量、觀眾體驗這種力量的可能性，及其對展示圖像、文物、脈絡及聲音的理解（注10）。

因此觀眾與困難知識所展示的意象、物件與文字的互動，所接收的不僅是認知上的知識或資訊，它也是一個無法化約的情感，例如對受難者的憐憫與同情、對侵略者的憤怒與怨恨，甚至對於這樣的創傷歷史帶來的結果感到深刻的失落或絕望。因此「情感」在困難知識的展示扮演重要的角色。Simon 認為它對於博物館教學法上的啟發，來自於觀眾與困難知識的展示互動過程中，如何處理情緒（emotion）與思想（thought）之間的辯證關係。歷史再現喚起的記憶，在某種程度上不一定是認知層次，而常常是情感層次的，透過博物館再現創傷的歷史事件，可以建立觀眾與過去之間的倫理關係，並喚起批判的歷史意識，這種實際的交會不在找尋確切的答案，而是找尋與「缺席的他者」之間倫理關係，而這對於找尋希望的未來而言是不可或缺的。他將有關「過去」作為困難知識，稱之為可怕的禮物（terrible gift），這個禮物的可怕性（terribleness）在於透過與缺席他者的交會，所承載的傷痛、失落與絕望，它的禮物性（giftedness）則在於透過與過去的交會，藉由觀眾的凝視經驗，將連接過去、現在與未來，使我們得以學習如何將困難的過去，轉遞為對我們現在與未來生活的重要資產。從這個角度來說，在博物館空間所進行的記憶工程，是具有高度教育學意涵的，這是一種培養有關公共歷史的批判式教學法，他將此稱之為「見證教學（pedagogy of witness）」，見證教學法擴大展示的情感力量，同時複雜化觀眾的認知反應，策展人透過場面調度（mise-en-scène）呈現過去，讓觀眾與過去的意象、物件、文本以及聲音交會，回應他者的召喚，重新思考創傷歷史在社會生活的意義，強迫自己對既有信念進行反思，發展負責任且紀念性的親密關係（responsible memorial kinship），履行見證的責任。

記憶政治與人權博物館

歷經多年籌備，國家人權博物館於二〇一八年成立，嘗試將過往的傷痕遺址，轉化為當代抵抗遺忘的場域（注11）。作為亞洲首座結合創傷遺址的國家級博物館，人權館的設立，正象徵著臺灣社會在實踐人權價值與轉型正義歷程的重要里程碑。轄下的白色恐怖景美紀念園區位於昔日戒嚴時期政治案件的審訊、羈押場所，而綠島紀念園區則為囚禁政治犯的場域，無聲地見證了民主道路上，那些沒來得及述說的人權侵害。因此人權博物館肩負了打造記憶工程的責任，隨著受難前輩逐漸凋零，必須和時間賽跑，在研究、展示、教育等基礎面向穩定扎根，也必須望向未來，尋找歷史敘述的新模式。

由於臺灣民主轉型的類型，符合學理上所謂的協商式轉型（negotiated transition），它的典型特徵是威權政黨做出民主妥協的時候，還繼續保有相當的政治優勢，而民主勢力基於種種考慮，同意或默許將民主改革限定在某些範圍內。在這樣的情形下，轉型正義或者被排除在改革清單之外，或者被限縮在一定的範圍內。因此民主化以來，臺灣在轉型正義的政治工程，採取「賠償被害人但不追究加害人」的模式，除了對受害者進行補償之外，其他諸如對加害者進行法律或道德上的追訴，以及對真相的嚴肅調查，經歷解嚴後三十多年，直至二〇一八年「促進轉型正義委員會」成立後，才逐步啟動。

由於在威權統治時期，人民仰賴統治者提供的單一敘事下生活，生命經驗侷限在統治者所框定的敘事空間，因此即使解嚴之後，政府對於白恐歷史的作為，除了對特定的事件進行儀式性的紀念之外，臺灣各地與離島遍佈著當年逮捕、審訊、刑求、起訴審判、羈押監禁及槍決埋葬的場所，在公共領域中也從未被標示或指認，許多政治受難者當年的行動，也未獲得應有的歷史評價，進而成為共同的歷史記憶。因為在威權政權體制性暴力所建構的霸權語境之下，他們是一群背叛體制的叛徒，或是為了國家安全或穩定而必須被犧牲的人，甚至他們的犧牲，是國家體制存續必須付出的「成本」。因此時至今日，在公共領域呈現的仍多是對於「獨裁者的記憶」，而「抵抗獨裁者的記憶」則相當少見，各種與黑暗歷史接觸的時刻與面向，不論是政策，或重現於記憶場所時，敘事或角色常顯得單一，某些歷史的聲音仍是沉默的，面貌依舊模糊。

因此作為亞洲第一座結合歷史遺址，闡述威權統治斲傷人權的博物館，國家人權博物館肩負著保存與再現記憶的重要使命與任務。作為上述第三波浪潮下建立的新型博物館，人權博物館至少展現幾種功能：首先，作為真相訴說的場域，它具有保存記錄與呈現真相的使命，透過檔案收集與研究，提供對於過去暴力事實與結構脈絡與處境的理解與認識，確保政治暴力的公共記錄；並以政治受難者的口述歷史、個人史料為基礎，將每位前輩獨特的白色恐怖際遇還原於歷史脈絡中，架構威權統治下體制性人權侵害的全貌。

其次，作為追思紀念的場域，它具有「象徵性賠償」的功能，除了肯認與紀念政治受難者，並協助釐清真相，讓遭受不當判決與權益受損的前輩們，在歷史正義中恢復應有的尊嚴與名譽。最後，作為人權教育的場域，它扮演著扎根人權教育的功能，讓青年世代不僅認識過去獨裁的歷史，透過教育活動讓參觀者從過去的錯誤中學習，進一步延伸對當前具體生活中的人權問題與社會不正義進行反思，進而採取行動。人權館期許能成為面向臺灣歷史與民主人權的「觀景窗」，從博物館這個小窗望出去的風景，既能像顯微鏡頭一般，瞥見歷史最微小陰霾的角落，又能轉場成為廣角鏡頭，以啟發性與多元思考，拓展民主、人權的開闊視野。在此，場域的建立就是對話的開始，人權館期待讓一代又一代的臺灣人持續追問、辯論與創造，去思考自己想打造什麼樣的社會、想成為什麼樣的公民。

困難知識如何展示？——白色恐怖歷史現場

從上述的分析，便可以清楚理解白色恐怖景美園區主題展的目標及其意義。這是一次基於人權博物館學的初步嘗試，也是人權論述與記憶論述開展對話的開始。具體而言，以展覽名稱

「白色恐怖歷史現場」來說，一方面藉由展示近年逐步完成的研究與典藏的成果，人權館期待從人權的視角以及世界史的維度來理解臺灣白色恐怖歷史；另一方面，空間作為記憶機制，是一個可以產生「融合記憶」的地方，那是一種深刻的體感記憶，這樣的記憶，帶來的不只是知識訊息，還有情感的訊息。由於景美園區保存了臺灣戒嚴時期軍事審判的重要歷史現場，觀眾透過與空間對話產生的記憶，相對於文字或口語，可以連結許多感官記憶和其他情緒訊息，而有不一樣的感受與經驗。因此，人權館希望主題展內容可以更貼近遺址場域，讓觀眾在看完展覽之後走進景美園區，親臨歷史現場，進而更深刻的感受不義遺址的空間意涵。

為了有效回應困難知識展示過程所需面對的問題，人權館針對此次主題展的展示內容與展示策略，進行以下幾點原則性的規劃：

（一）呈現體制性國家暴力運作的面貌

關於國民黨政府如何長期進行威權統治，是比較政治研究的重要案例，學界主要以恩惠侍從主義、准列寧式政黨以及國家統合主義三個面向，闡釋國民黨如何與本土地方菁英結盟、如何以黨領政，以及如何穿透市民社會進行政權的鞏固。在這樣的國家與社會關係之下，我們就能夠理解在威權統治時期，多麼深入日常，不僅對受難者和家屬，也深刻影響一般人的生活方式、思考習慣和作為一個人的尊嚴。

因此，在展示內容的選擇上，除了讓觀眾理解不同的政治案件之外，也需同時介紹體制性暴力的結構性成因及其運作的方式。回顧戒嚴時期，政府一方面以公權力嚴密監控人民，頒布各式禁令，箝制人民一言一行；另一方面，又透過媒體傳播、學校教育等方式與管道，進行各種思想的灌輸，以塑造符合政府標準的意識形態。威權統治使得人民生活於不尋常中反倒習以為常，從外在的壓迫進而自我的內部審查，戒嚴體制在人民生活與心理層面，皆落下深淺不一的白色烙印。

因此走入第一展區，觀眾可以看到威權政體如何透過法令與政策進行控制，影響一般人的日常生活，導致民間的消沉。其中特別值得一提的是展區首次針對情治機關進行系統性的介紹，讓觀眾體認在獨裁政權打造的「保密防諜」社會氛圍下，受難者與旁觀者（bystander）彼此之間，以及公民與國家之間的恐懼感與不信任，以及恐懼感如何在生活中發揮無與倫比的影響力，甚或旁觀者因為政治恐懼所帶來的膽怯、懦弱及無力感，而造成維持體制的效果。

（二）呈現他者「面容」（face）的多樣性以及能動性

如上所述，如何在博物館進行創傷歷史的展示，觸發觀眾情緒進而影響觀眾對過去的思考、判斷與行動，其中重要的展示內容，就是讓觀眾從過去的歷史經驗中有所體認，而最佳的方式就是將「缺席的他者」（absent others）的故事帶入展示中。由於當年威權統治時期國家暴力侵害人權，是不分族群、性別與統獨意識形態，政治受難者的受難事實具有高度的異質性，因此我們得以窺見臺灣的白色恐怖歷史各種類型的受創主體，有各式各樣的省籍、族群、性／別、職業、甚至離島馬祖與外國人，在官方的統治教條之下，被視為「國家的敵人」。我們也得以看見在這巨大的人性劇場中，有加害者、被害者，更存在著告密者、旁觀者、革命者、遭誣陷的特務以及遭受遺棄的家屬。

因此「白色恐怖」的歷史圖像，不僅止於「案件」的數據與過程，更是政治受難當事人及其家屬的真實生命經驗。這些故事充滿了殘酷、偽善及背叛，令人驚恐、畏懼甚至迴避，但也同時反映真實複雜的人性。在政治壓迫時代裡，這群「政治失語」的受難者不僅無法表達他們的聲音，同時也失去在歷史中的位置。然而每一個聽聞他們故事的人，都無法否認，他們的尊嚴，甚至生命，都遭受了以國家之名做出的迫害。因此倖存者聲音的呈現以及政治失語的矯正，是推動轉型正義的重要前奏曲。

透過公開說故事（storytelling）過程，不僅傳達受難者的創傷經驗，更意謂著這些在過去獨裁政體中被要求噤聲或失語的人，如今藉由官方認可的過程，他們個人的主觀經驗獲得正式的認可而具有正當性。同時，透過故事見證與再現的官方認可過程，受難者可以重新建構自我的意義以及他們與國家的關係。這些見證者與證詞的再現，不僅揭露許多我們再也無法迴避的真相，抗拒對歷史詮釋的過度簡化，他們的在場，更轉而成為重構集體記憶的參與者。因此見證者與證詞的再現，不單是個人經驗的陳述，同時對於道德共同體的重建有所幫助。

由於政治受難者的生命都是獨一無二，如何完整呈現白色恐怖的不同面向，避免造成刻板印象，便是此次展覽的重要目的之一。過去在公共領域的白色恐怖主流論述經常從「冤、錯、假」案的敘事架構下談論政治受難者，扁平化受難者的多元圖像，更忽視了許多受難者在歷史中所展現的能動性（agency），而不只是威權統治下蒼白的受難者。透過呈現威權統治下的多元抵抗形式，讓所有觀眾得以理解在「每一個社會的每一個艱難時代中，也都存在著這樣的少數人，他們的不屈服即使沒有立即改變他們的社會，也啟發了後代（注12）」。

因此在第一展區，我們可以看到政治受難者的多元面貌，特別是過去較少出現在公共領域的五〇年代左翼運動、外省族群以及金馬地區受難與抵抗的故事。而在戒嚴體制與政治恐懼的時代氛圍中，除了政治受難者本人之外，他們的家屬也都無可避免地被政治風暴襲捲與籠罩，除了政治壓迫與恐懼，更必須面對社會集體的排斥與冷漠。因此在展區中也特別規劃「展中展」，邀請觀眾一同理解「獄外之囚」的生命遭遇。

（三）進行加害體系的反省

傳遞政治受難者的生命故事，雖然立體化我們對於白色恐怖的認識，然而我們必須避免以「加害vs被害」二元對立的敘事架構，評價加害者的責任，進而簡化歷史的複雜性。例如在對於究責議題的討論中，「誰」應該為了「做什麼」而負起「哪種責任」？由於臺灣白色恐怖時期是一個高度體制化、「官僚式壓迫」的統治形式，在一套法律建構的威權體系中，由眾多政府機關、人員進行暴力的分工，單憑每一個機關或人員無法創造出如此龐大的暴力；雖然每一個機關與人員往往只是經手局部的暴力，但每一個人多少都有所涉入。

因此，隨著角色與任務的不同，責任則有不同面向的區別（注13）。然而在思考責任歸屬的問題時，我們切勿將所有威權體制下的參與者，過度簡化為加害者。如同漢娜・鄂蘭（Hannah Arendt）所言，我們須區別罪惡（guilt）與責任（responsibility）的不同，罪惡只有針對個體時才有意義，它指涉具體行為，而非意圖或潛能，因此沒有所謂集體罪惡或集體無辜。然而我們也須批判的檢視體制參與者經常使用的齒輪理論（cog-theory），辯稱自己只是整個國家機器中無法自主的零件，僅能奉公守法，全心全意為上級的命令效力，個人毫無選擇，其他人若處於相同的處境，也會做一樣的事。

事實上，在分析納粹時期體制內參與者的責任，鄂蘭曾指出，有許多人拒絕支持邪惡的體制。當他們被要求以服從為名而支持不正義命令或體制的時候，他們特意加以閃避，而對體制產生有效的破壞力量。所以，對那些參與邪惡、服從命令的人，我們應該提出的問題不是「你為什麼服從？」，而是「你為什麼支持？（注14）」如果有足夠的人「不負責任地」拒絕支持它、甚至不需要主動的抵抗和反叛，這種拒絕支持都是一個有效的武器。因此，當觀眾走進展區理解不同階段加害體制的運作，進而對加害體制進行反省，我們除了系統性瞭解暴力運作的邏輯與結果，反思威權體制對人民所造成的侵害外，同時可以透過許多政治檔案了解在當年威權體制的運作下，不同位置下的人可能面對的不同情境，我們可以進一步思考他為什麼服從，或者他為什麼反抗。

（四）過去與現在的持續辯證

由於年輕觀眾並未經歷政治暴力創傷，可能認為過去發生的事情與自身關係不大，導致與博物館所要展示的內容呈現精神上的距離，因此博物館的展示面臨的挑戰，就在於如何激發年輕世代認知過去發生的事情與自己有關，協助觀眾縮短精神上的距離。由於社會的某項人權議題，從威權時期到民主時期，一定有其連續性，也有結構性的改變，當代的各種人權議題或許可以在威權時期找到對應（counterpart）的議題、思維和作法。

因此展覽呈現的內容，不只限於「歷史知識」的傳授，而是從年輕世代具體生活的人權處境出發，找到可以與過去連結的方式，並透過對過去威權歷史的認識，延伸至我們對具體生活的人權處境有所反思。舉例而言，在歷經長達三十八年的白色恐怖戒嚴時期的威權統治，臺灣各地遍佈著當年逮捕、審訊、刑求、起訴審判、羈押監禁及槍決埋葬的場所。這些白色恐怖的「不義遺址」代表著當年的國家暴力，也是臺灣人權發展史上的重要歷史現場。對於生活在民主憲政體制下的年輕世代而言，很難理解那一段人權未受到制度性保障的戒嚴體制及其運作邏輯。然而當觀眾走進第二展區，我們可以看到不同空間場域的介紹以及政治受難者對於空間的證言，觀眾藉由身體感官與空間進行對話，體驗政治犯在不同階段，遭遇國家暴力的種種人害（human wrongs），例如軍事審判流程中檢審沒有分立、沒有依循正當法律程序、自白書成了唯一證據，律師接見、家屬面會時被要求只能講國語時，觀眾將有清楚的對照圖像，或許更能體認保障人權的重要性與民主憲政體制運作下的法治真諦。

（五）人權博物館行動主義

如同 Simon 所言，見證教學法關注觀眾與困難知識的展示互動過程中，如何處理情緒（emotion）與思想（thought）之間的辯證關係，一方面我們需要召喚觀眾對人權議題的情感（可能是憤怒、同情、欽佩、不捨和恐懼等），但又要避免麻痺和無感的刺激。因此，雙元對應的人權議題規劃，讓歷史與當代持續不斷的辯證，能夠幫助我們去追溯某項人權議題的歷史、制度和社會根源，清楚該項人權議題的過去和現代的輪廓和軌跡，進而從對過去不正義的反思，提供對當前世界的洞察與願景。我們期待所有觀眾了解與肯認人權價值外，到最終也能為人權的實踐而努力，成為公共記憶的構造者、人權價值的行動者。

因此第三展區在內容規劃上，我們邀請觀眾共同思考如何實踐臺灣轉型正義的未竟之業。我們都知道，各國推動轉型正義的路徑與強度各有不同，並沒有普遍適用的模式，一個民主政府成立後「是否」、以及「如何」追溯威權體制中的罪行，其決定因素往往並不是道德或倫理的考量，而是民主轉型過程的本質以及轉型期間和轉型之後的國內與國際政治權力平衡，決定了該國是否、以及如何進行轉型正義。因此展覽內容除了介紹國際轉型正義工程的幾項重要任務之外，也特別規劃轉型正義的跨國比較視野，介紹不同國家的轉型正義經驗，並搭配許多開放式問題，邀請觀眾共同反思，探索適合臺灣脈絡的轉型正義模式。

（六）情感交流的展示溝通方式

基於人權博物館學的啟發，在展示策略上，透過展示設計將觀眾定位為見證他者苦難的角色，喚起觀眾的同理心，建立觀眾與過去之間的倫理關係，並喚起批判性的歷史意識。在與這段我們既不願重複、也不想忘記的過去直接相遇的過程中，展覽的內容不只是讓大眾理解不曾相遇的過去，同時希望透過這個過程，讓觀眾可以重新思考我們對特定歷史的理解，如何影響我們當前的思想與行動。就展示手法而言，透過光線、意象、色彩計畫與材質所營造的空間氛圍，進行與觀眾之間的情感對話。舉例來說，藉由三稜鏡的色散原理，詮釋三個不同展間的主題內容，並透過由黑到白，遮蔽到清明等設計理念將其轉換應用在材質上。因此在展示空間除了展示不同人權侵害的政治案件與不義遺址，讓觀眾與過去的意象、物件、文本以及聲音交會，觀眾的觀展情緒也將隨著鏽鐵板／鐵網、水泥板、霧面／清透玻璃等異材質，並對照不同文物檔案與虛實意象之間的辯證，從不透到透明的漸變過程中，感受昔日窒息的社會氛圍漸邁向民主化的歷程。

結論

波蘭報導文學作家維特多・沙博爾夫斯基（Witold Szabłowski）在《跳舞的熊》中，以歐洲境內長久存在的傳統「跳舞的熊」，比擬從共產制度過渡到民主體制的人們，皆面對著一段「自由令人疼痛」的學習路程。轉型正義工作所面臨的窒礙難行亦是如此，它仍是臺灣民主轉型的未竟之業。

「白色恐怖歷史現場」主題展是臺灣推動轉型正義工程中，以博物館進行集體記憶保存與再現的初步嘗試。來自人權博物館學的啟發，此展覽讓人權論述與記憶論述開展有意義的對話，藉由情感流動的展示溝通策略，再現白色恐怖中場域（site）、敘事（narrative）、能動者（agency）與政治事件（event）等重要元素，讓觀眾與缺席他者對話，同理那個時代面臨的問題，理解白色恐怖對於個人生活產生的影響，反省沒有限制的政治權力帶來的恐怖後果，進而共同思考如何將困難的過去，轉遞為對我們現在與未來生活的重要資產，並重新思考人權、民主、自由與平等的核心意義。期待透過主題展的邀請，觀眾不再只是在故鄉裡的異鄉人，而能轉身投入轉型正義及困難歷史記憶的公共對話，逆向的梳理歷史紋理，回應缺席他者的召喚，為傷殘的過去提供安置之所，也為紛雜的當代，撐出相互理解的可能性。

注釋

1 本文部分章節內容已發表於：〈文化介入與轉型正義〉一文，收錄於吳介祥編《文化超展開：共振臺灣公共領域》，巨流，二〇二二。

2 參見 Pablo de Greiff, "Theorizing Transitional Justice", *in Transitional Justice: NOMOS LI*, Melissa S. Williams, Rosemary Nagy and Jon Elster, eds.,（New York and London, NYU Press, 2012）。

3 這種強調全面性的轉型正義途徑，近年來也在經驗層次上獲得證實。根據 Leigh A. Payne, Tricia D. Olsen, and Andrew G. Reiter 等三位政治學者針對一百六十一個國家所採用的八百四十八個機制所進行橫跨將近四十年（一九七〇－二〇〇七）的追蹤研究顯示，使用單一機制（特赦、審判、真相委員會）通常對於民主與人權的保障不會有正面的效果，反之，整合不同機制的方式較能促進人權與民主。Leigh A. Payne, Tricia D. Olsen, and Andrew G. Reiter, 2010, Justice in Balance: When Transitional Justice Improves Human Rights and Democracy, in *Human Rights Quarterly, Vol 32:980-1007*。

4 參見聯合國「促進真相、正義、賠償與保證不再發生之特別報告員」的報告：A/HRC/24/42；A/72/523；A/HRC/36/50/Add.1。

5 參見 A/HRC/45/45。

6 參見 Huyssen, Andreas. 2011. "International Human Rights and the Politics of Memory: Limits and Challenges." *Criticism* 53（4）: 607 - 624。

7 參見 Jennifer Carter, 人權文化下的博物館：社會參與博物館實踐之崛起、形式與倫理博物館與文化 第十七期，頁五至頁三十，二〇一九年六月。

8 有關人權博物館學的討論，除了 Jennifer Carter 的分析之外，另可參考國際人權博物館聯盟主席的論述 David Fleming, 2012; Human Rights Museums: An Overview *Curators The Museum Journal* Vol 5, 251-256; Jennifer Carter and Jennifer Orange, "Contentious terrain: Defining a human rights museology," *Museum Management and Curatorship* 27, 2 (2012); Jennifer. Orange and Jennifer J. Carter. "It's time to pause and reflect: Museums and human rights." *Curator: The Museum Journal* 55, 3 （2012）。

9 有關困難議題的探討，學界有不同的用法，例如具挑戰性的歷史（challenging history)）（Kidd et al. 2014）、困難知識（difficult knowledge）（Lehrer et al. 2011; Simon 2005, 2006, 2014）、困難歷史（difficult histories）（Rose 2016）、困難展示（difficult exhibitions）（Witcomb 2010, 2013）。儘管有不同的用法，但這些用法都強調這些主題及內容是長期在公共生活中被排除或邊緣化，同時博物館具有再現這些主題的倫理責任。參見 Jenny Kidd（et al）, 2014, *Challenging History in the Museum: International Perspectives*. Ashgate Pub Co; Simon, Roger I. 2005. *The Touch of the Past: Remembrance, Learning, and Ethics*. New York: Palgrave Macmillan; Lehrer, Erica, Cynthia E. Milton, and Monica Eileen Patterson, eds. *Curating Difficult Knowledge*. Palgrave Macmillan, 2011; Simon, Roger I. 2006. The Terrible Gift: Museums and the Possibility of Hope Without Consolation. *Museum Management and Curatorship* 21(3): 187－204; Simon, Roger I. 2014. *A Pedagogy of Witnessing: Curatorial Practice and the Pursuit of Social Justice*. Albany: State University of New York Press Rose, Julia. 2016. *Interpreting Difficult History at Museums and Historic Sites*, Rowman and Littlefield, Lanham, Boulder, New York and London; Witcomb, Andrea. 2010. The Politics and Poetics of Contemporary Exhibition Making: Towards an Ethical Engagement with the Past, in Cameron Fiona, and

Kelly Lynda(eds), *Hot Topics, Public Culture, Museums:* 245－264, Newcastle upon Tyne: Cambridge Scholars Publishing. Witcomb, Andrea. 2013. Testimony, Memory and Art at the Jewish Holocaust Museum, , Melbourne, Australia, in Viv Golding, and Wayne Modest (eds), *Museums and Communities Curators, Collections, Collaborations*：260－274, London: Bloomsbury。

10 Simon, R. I. 2011. A Shock to Thought: Curatorial Judgment and the Public Exhibition of 'Difficult Knowledge'. *Memory Studies*, 4（4）, 432－449。

11 關於人權博物館的成立與發展經過請參見 Chun Hung Chen, Hung-Ling Yeh,2019, The Battlefield of Transitional Justice in Taiwan: A Relational View. *Taiwan and International Human Rights A Story of Transformation*: 67-80（ISBN: 978-981-13-0349-4）. New York: Springer。

12 吳乃德，《百年追求：臺灣民主運動的故事，卷二：自由的挫敗》，衛城，二〇一三。

13 在過去有關政治案件核覆過程的學術研究中，對於蔣介石如何運用核覆權直接或間接影響終局審判，已有許多詳實的研究，然而沈筱綺教授藉由「轉型正義資料庫」所進行的實證分析，再次證實，軍事審判制度之下，政治犯的刑期改變，並非基於被告的救濟機制，而是出於獨裁者的意志，蔣介石在許多政治案件所進行的核覆，在違背「軍事審判法」所賦予的權限之下，成為許多政治犯成為死因的關鍵因素：然而在審判過程中，我們看到許多軍事審判流程中的參與者，不畏獨裁者的意志，本於執權進行判決，而遭至蔣介石多次的核覆。因此從政治檔案資料我們可以看到在軍事審判覆核的過程中，三軍統帥多次更改當事人的刑期，我們可以輕易地說出當時的三軍統帥需要負起最大的責任，然而每一層經手案件的人要承擔多少責任？參見沈筱綺 二〇二二

〈獨裁者的死因：臺灣威權時期軍事審判過程的蔣介石因素〉；發表於「解碼壓迫體制：臺灣轉型正義資料庫研究成果發表會」。

14 Arendt 進一步主張：「……所以，對那些參與邪惡、服從命令的人，我們應該提出的問題不是『你為什麼服從？』而是『你為什麼支持？』如果我們能將『服從』這種破壞性的字眼從政治和道德思想中剔除，我們將大為受益。如果我們能仔細地反省這些問題，我們或許可以重獲自信、甚至重獲驕傲，亦即重新獲得以前我們稱之為人的尊嚴、或人的榮耀的東西：也就是生而為人的身分。」參見 Hannah Arendt, "Personal Responsibility under Dictatorship," in *Responsibility and Judgment*, 11-48 New York, NY: Schocken Books.（Edited and with an Introduction by Jerome Kohn）。

序章

轉型正義在臺灣

文／孫世鐸

◎什麼是轉型正義？

◎自九〇年代以來，政府做了哪些轉型正義工作？

什麼是轉型正義？

二〇世紀的人類世界，特別是在二戰後的東歐、拉丁美洲、亞洲與非洲，出現了各式各樣的軍事獨裁與威權統治。一九八〇至一九九〇年代，許多國家的威權政府垮臺，社會走向民主化後，新的執政者時常必須透過調查迫害的歷史真相、對加害者究責、平反及賠償受害者、清理政府內部的威權統治殘餘勢力等各種作為，來回應社會對於一個嶄新民主國家的期待，進而建立民主政體的正當性。這些工作現在普遍以「轉型正義」（transitional justice）的理念框架被認識，象徵了國家從威權統治走向民主政體的過渡階段時，這個國家的社會整體如何面對「正義」概念的變遷。在這種變遷之下，國家必須重新審視民主政治賴以運作的基礎——「依法治國」（rule of law，或者稱為「法治原則」），確認在民主時期能夠以正當的法律程序處置威權時期的人事物，以凸顯和威權時期執政者的差異——他們任意解釋法律甚或破壞法律運作以達統治目的。

此外，當憲政恢復運作後，人們也會想要知道，過去威權體制的行為是否違反了憲政主義（constitutionalism）。因此，究其本質而言，轉型正義工作即是民主化工作的一環。由於轉型正義工作會涉及各種權力的綜合運用（例如，在一般權力分立體制下的行政、立法、司法），所以，在民主化初期，透過新憲法或者特別立法來授權設立一個有時間限制和特定任務的新組織處理這些工作，便成為不少國家採取的途徑。此時，這個新組織的功能不僅在清理威權殘餘，更在協助整個社會思考民主與威權差異何在、為何走向民主、如何走向民主、民主社會如何處理社會內在的矛盾與衝突、確立新憲法的精神與「新國家」的共識。換句話說，轉型正義工作的核心其實不只是面對過去，更是朝向未來。

轉型正義在臺灣

在這些由威權統治轉型的新興民主國家中，臺灣（中華民國）是相當特殊的一個。在多數這類國家，即便經歷了民主化歷程，各個政黨（新興民主政黨和前威權政黨）仍然認同同一個民族國家或多民族國家。同時，民主化工作是在推翻威權政黨後，由新興民主政黨來完成的。因此，新興民主政黨是在「國家同一性」的前提下推動轉型正義工作，帶有「承認並匡正國家錯誤」的意涵。

然而，在臺灣（中華民國），新興民主政黨和前威權政黨所認同的國家對象不同（前者是臺灣或中華民國在臺灣，後者是「一個中國原則」下的中華民國），民主化工作又因前威權政黨長期掌握政權，成功塑造自己是民主轉型的舵手而完成。因此，前威權政黨始終欠缺「承認並匡正自己錯誤」的動力，而新興民主政黨儘管囿於地緣政治限制，必須持續維繫舊政體，卻也因為前威權政黨仍在現實政治中扮演與之抗衡的角色，而欠缺「承認並匡正他人錯誤」的動力。對其而言，威權統治造成的損害終究是（仍然存在的）前威權政黨的責任，而不是國家的責任。也因此，儘管臺灣（中華民國）確實在民主化初期開始推動修憲，但始終僅聚焦在如何將憲法由「適用整個中國」調整為「在兩岸統一前暫時適用於臺灣」，而並未納入對威權統治進行糾正的意涵，遑論授權成立新組織推動轉型正義工作。在這樣的憲政框架下，在威權統治時期將自我等同於國家的唯一執政黨（中國國民黨），其各種統治作為的正當性也就不易受到挑戰。

當政黨欠缺推動特定政治議程的動力時，社會往往必須成為主要的替代推力。然而在臺灣，轉型正義工作面臨的另一個困境，是在漫長的威權統治時期，白色恐怖是以高度綿密而精細的社會控制運作，真正被入罪的人只是社會上的少數，因此多數人民並不會意識到自己究竟身處在怎樣的歷史情境中。白色恐怖歷時甚長，不同世代的受難者在左右統獨的意識形態上有著截然不同的立場，對於白色恐怖也有相當多樣的歷史詮釋。在這樣的情境下，社會也就不容易在民主化的階段形成「匡正國家錯誤」的集體動力。然而，值得我們注意的是相對於認識白色恐怖的遲晚，對二二八事件進行平反的呼聲，在民主化較早的階段就進入了臺灣社會，這個「時差」反映了前述的臺灣民主化脈絡。

二二八平反：只補償受害者，但沒有加害者

據一九八七年成立的「二二八和平日促進會」發起人之一陳永興自述，他在美國唸書時有機會看到許多在臺灣不曾看到的歷史書籍，特別是和二二八相關的史料，才對二二八有比較清晰的了解。陳永興出生於一九五〇年，這樣的記述常見於和他同一世代的臺灣知識菁英：「出國唸書後才認識到二二八比較清晰的面貌。」也因為這樣的啟蒙，一九八〇年代後期正處壯年的他們，成為了推動二二八平反最重要的社會動力。此時也是臺灣民主化動力達到頂峰的時期：過去在地方選舉中僅能以「黨外」名之的非執政黨政治人物開始集結成新興民主政黨，一九八六年九月，民主進步黨（下稱民進黨）正式成立；一九八七年七月，總統蔣經國宣布臺灣戒嚴令解除，在臺灣社會強大的動力驅迫下，威權政黨中國國民黨（下稱國民黨）及其領袖也必須開始思考走向民主轉型。

從一九八七到一九九〇年，每逢二月底三月初，在全臺各地就會有許多由民進黨或無黨籍

政治人物舉辦的二二八紀念活動或遊行，呼籲國民黨執政當局公布事件真相、平反受難者冤屈。在這個階段，隨著二二八受難者家屬逐漸敢在紀念活動時上臺對民眾訴說見證，「外來政權屠殺臺灣人民」的二二八敘事逐漸成形，二二八平反的社會動力和民主化相匯流，進而成為在「轉型正義」這個概念還沒真正被引進臺灣時，在民主化初期第一波的轉型正義工作核心。當時的紀念活動現場通常會有大量軍警包圍，和參與民眾相互對峙。一九八八年，行政院長俞國華甚至表示：「民族與民族之間的紛爭，自古已有。當年滿州人入關殺了很多漢人，滿州皇帝也未向漢人道歉。」執政者的這些言行更加催化了平反運動的動力，可見當時對於處理威權過去的想法仍侷限在傳統中國的朝代更迭，而非受到西方的正義與法治觀念影響。

一九八八年，蔣經國辭世，本省籍的副總統李登輝接任總統，並在野百合學運之後，於一九九〇年十一月由行政院成立「行政院二二八事件專案小組」，由時任中研院研究員的歷史學者賴澤涵主持撰寫「二二八事件研究報告」。研究報告在一九九二年二月公布，並在一九九四年二月出版。在這個階段，若以前述「轉型正義」的理念框架理解，就二二八事件而言，「調查迫害的歷史真相」有了初步的進展，但對仍然是執政者的國民黨而言，並不存在「對加害者究責」的動力。於是，二二八平反就在「沒有加害者」的狀態下跳到了轉型正義下一階段的工作：對受害者賠償。尤有甚者，賠償受害者相關法律在立法院制定的過程中，仍佔有國會多數的國民黨，也堅持將由民進黨籍立法委員謝長廷提案的《二二八事件處理及賠償條例》更名為《二二八事件處理及補償條例》，以「補償」取代「賠償」來淡化其應負的歷史責任。這個「只補償受害者，但沒有加害者」的「臺灣式轉型正義」框架也就逐漸確立。

白色恐怖受難者的平反困境

曾經掀起巨大社會動力的二二八平反尚且如此，未曾在民主化進程中成為主流政治議程的白色恐怖平反自不待言。相對於二二八發生於國民政府接收臺灣初期，而且屬於在短時間內由軍隊屠殺造成大量死傷的事件性質，同時帶有外省族群和本省族群對立的記憶結構，無論從海外新聞史料閱讀，或倖存者見證的角度出發都比較容易形塑一套完整的敘事。白色恐怖歷時長、高度系統化（從情治偵蒐、拘捕、偵訊刑求、判決到處刑都在完備的官僚系統中運作）、不同時代的受難者高度異質，尤其早期的受難者比例上有許多為外省籍，這些特質都讓面對白色恐怖的轉型正義成為高度複雜、難度更高的工作。如同前述，在一九八〇年代，臺灣社會對二二八的認識與敘事逐漸成形，也創造了逼使當權者必須做出一定程度回應的壓力；然而，由於史料的缺乏，白恐生還受難者的自我組織（一九八七年分別成立了「臺灣地區政治受難人互助會」及「臺灣政治受難者聯誼總會」）也還不具備強大的社會動員能力，白色恐怖複雜而多樣的政治案件並未在臺灣社會形成基本的認識與敘事，執政中的國民黨當局自然也沒有壓力需要「調查迫害的歷史真相」。

另一方面，相較於同一時期世界上其他從威權統治走向民主的國家而言，臺灣（中華民國）由於位居冷戰前線，在美國的刻意扶植之下，經濟表現在一九七〇年代之後得到爆炸性成長，社會中的多數人一方面生活條件都獲得改善，一方面也沒有與政治受難相關的生命經驗。因此，這個時期臺灣社會對民主化的追求並不必然等同於對轉型正義的追求：它更接近於中產階級興起後，對言論與行動自由的渴盼，而不一定指向對威權政黨應負歷史責任的清算。情況和臺灣（中華民國）稍微相似的可能是西班牙。獨裁者佛朗哥（Francisco Franco）在一九七五年逝世前統治西班牙的三十六年裡，也同樣以恐怖統治整肅異己，但另一方面，他也在美國的支持下讓西班牙在二戰後獲得高度的經濟成長。一九七七年，面對民主轉型的西班牙政府頒布《大赦法》，限制所有佛朗哥時期的犯罪調查以換取軍方不干預民主選舉。經濟成就所鞏固的統治合法性，以及威權體制參與者持續存留在政府體系中，都讓轉型正義不一定隨著民主化自然發生。

在這樣的時代框架下，臺灣（中華民國）迎來了一九九二年的首次國會改選和一九九六年的首次總統直選，開始具備基本的形式民主。如前所述，在國民黨持續掌握行政權與國會多數的政治情境下，轉型正義工作仍然只有最低度的「補償受難者」得以運作。一九九七年，具有政治受難者身分的民進黨籍立法委員謝聰敏提出針對白色恐怖受難者及家屬的補償法案，但在提案階段就遭到國民黨掌握的行政部門和國會強力阻擋。由於國民黨政府在一九八七年七月十五日解嚴的同時施行《動員戡亂時期國家安全法》，其中第九條明定「戒嚴時期戒嚴地域內，經軍事審判機關審判之非現役軍人刑事案件，於解嚴後依左列規定處理……二、刑事裁判已確定者，不得向該管法院上訴或抗告。但有再審或非常上訴之原因者，得依法聲請再審或非常上訴。」以確保戒嚴時期對非現役軍人進行軍事審判的合法性，造成一九九七年行政院方面對補償法案時，認為應該先修改在動員戡亂時期結束後變更名稱為《國家安全法》的《動員戡亂時期國家安全法》第九條，讓受難者可以重新上訴，經判決無罪後再個案進行補償；但其中有許多案件都已經超過上訴權時效了。在國會方面，則是有許多立委認為只有屬於「被冤枉」的受難者才能獲得補償，真正的「匪諜」則不應該獲得補償。

事實上，就國家邁向民主轉型的角度來看，讓每個個案上訴具有重要的公共意涵。透過公開審理，能夠讓社會大眾有機會以民主與憲政主義的認知框架，重新理解與詮釋許多白色恐怖案件中，國家與受難者的各種行動在法律、政治、倫理與歷史等各方面的意義，也能更加確立相對於威權統治時期，「正義」在民主時代的內涵為何。然而，如同前述，在前威權政黨繼續掌握權力長達十二年的情況下，白色恐怖政治案件的各種政府文書與檔案沒有機會被公開（長達四百萬字的雷震獄中日記甚至被燒掉），司法體系也仍保有相當的威權成分（如：許多司法官是由軍法人員轉任而來），要在這樣的條件下讓手上毫無證據文書可用的受難者上訴或提起再審，恐怕不會有預想的結果。補償法案由此逐漸走向不經上訴的路徑，而是另外設立基金會來針對補償進行審查，但條文中仍然保留了「依現行法律或證據法則審查，經認定觸犯內亂罪、外患罪確有實據者」的排除條款，只有「被冤枉為匪諜」者能夠獲得補償，「真正的匪諜」則無法獲得補償。至此，「臺灣式轉型正義」框架不僅「只補償受害者，但沒有加害者」，更以「只補償『正確的』（擁戴中華民國的）受害者，但沒有加害者」的形式確立。

這樣的立法造成了兩個直接的效果：首先是政治受難者即使獲得補償，但在《國家安全法》第九條的拘束下，仍然具有判刑確定的「前科」身分。再者，研究者已經指出，受難者在生活條件不理想，急需補償的情況下，即使確實曾經參與中共在臺地下黨活動，在面對補償審查或口述訪問時，可能將遭遇導向冤假錯案，也避免同案的難友無法獲得補償。因此，從「只補償『正確的』受害者，但沒有加害者」出發。臺灣社會逐漸衍生出「只是讀幾本書就被抓走」的白色恐怖敘事，以及「他們都有拿到補償了啊」的轉型正義敘事。在理應熱切投入轉型正義工作的民主化初始階段，臺灣社會錯失了機會，重新檢視威權統治時期執政者如何違背自由民主憲政秩序（亦即其所對國際宣稱的「自由中國」），長年以系統性的國家暴力壓制人民；也錯失了機會，重新理解在漫長的戒嚴體制下，不同世代、階級、性別、意識形態的反抗者，以哪些行動對抗國家無孔不入的箝制。此時，轉型正義變成只是政治受難者與政府兩造的事，而政府的責任甚至只剩下發放補償。

調查真相

事實上，「調查迫害的歷史真相」也不能說完全沒有進展。一九九九年，《檔案法》三讀通過。二〇〇〇年三月，行政院研考會下成立「國家檔案局籌備處」。隨後，陳水扁當選總統，民進黨成為執政黨，完成首次政黨輪替。同年六月，檔案局籌備處便展開「二二八檔案蒐集整理工作計畫」，負責向政府機關訪查和徵集二二八事件相關檔案。過程中，主要分布在國安局以及國防部各單位的許多白色恐怖案件檔案，也首次被徵集回檔案局。然而，這個階段的調查工作僅止於檔案徵集，對白色恐怖案件並未像一九九〇年代針對二二八事件一樣，提出國家立場的研究報告。由於欠缺對壓迫體制更深度的調查，在民進黨初次執政期間，臺灣社會對白色恐怖的認識停留在「只是讀幾本書就被抓走」，對威權統治時期執政者責任的釐清也就持續延遲。

臺灣的民主化工作是透過威權政黨的轉型完成，在轉型正義工作並未成為民主化工作中主要政治議程的情況下，一九九〇年代後期的臺灣社會，多數民意仍然普遍認同肯認威權統治正當性的政黨。民進黨在這樣的社會狀態下，以未過半的總統選票獲得執政權，國會也未過半，光是勉力維繫施政已經左支右絀，遑論推動多數民意並無熱情的轉型正義工作。舉例來說，民進黨政府曾在二〇〇三年提出《國家人權紀念館組織法》草案，希望在總統府下成立紀念館，典藏與展示二二八及白色恐怖相關史料。然而，此法並未獲立法院通過，總統府先於二〇〇二年以行政命令成立的「國家人權紀念館籌備處」也隨之廢止。

到了民進黨政府因陳水扁家族貪污案件而正當性漸失的執政後期，陳水扁又為了凝聚支持者，在社會大眾並沒有太多轉型正義認知基礎的狀態下，開始推動中正紀念堂轉型。包含在未經立法院審議下將中正紀念堂管理處更名為「國立臺灣民主紀念館」、卸下中正紀念堂匾額與牌樓上的「大中至正」字樣等等，這些欠缺法治基礎的作為，都讓臺灣民眾更加認知「轉型正義」工作只是單純的政治惡鬥，而非在民主化進程中一同確認「新國家」的共識。這兩個例子反映的正是前面提到的：前威權政黨始終欠缺「承認並匡正自己錯誤」的動力，以及新興民主政黨欠缺「承認並匡正他人錯誤」的動力，只把轉型正義工作視為政黨對決中的動員工具，而非推動整個國家轉化的政治工程。也就是在這個過程中，「轉型正義只是針對國民黨」的主流社會認知逐漸形塑而成，掩蓋了轉型正義工作「對整個國家體制究責」的真實意涵。

「威權統治是合理正當的」，所以只有「讀幾本書就被抓走」的人才是正確的受害者，對威權統治者採取抗爭行動的人則都是真實的「叛國者」；而即使面對正確的受害者，「他們都有拿到補償了還想怎樣呢？那個時代不就是必須如此嗎？」也是主流的聲音。因此，「轉型正義就只是選舉炒冷飯啦！都已經過去了一直政治追殺有意義嗎？」以上這些說法統攝了臺灣的威權統治與轉型正義敘事，而這其實是由前威權政黨、新興民主政黨，與整個臺灣社會所聯手完成的。

隨後，國民黨重返執政，轉型正義工作自然再次陷於沉寂，儘管成立於民進黨初次執政末期的「臺灣民間真相與和解促進會」積極投入許多倡議工作和出版專書，但在資源與權力有限的情況下，能在主流社會引起的政治動能也十分微弱。二〇一四年，以反對兩岸服務貿易協定為主軸的太陽花學運爆發，逆轉國民黨重返執政後兩岸趨向融合的政經格局，也提供作為主要在野黨的民進黨豐沛的政治能量，而在二〇一四年的地方選舉和二〇一六年的總統大選與國會選舉中連續獲得大勝，達成民進黨史上首次行政與立法的完全執政。太陽花學運主要由成長於民進黨初次執政時期、接受本土化教育的青年世代推動。因此，學運所提供的政治能量除了推動臺灣社會重思兩岸關係之外，也讓具有反省臺灣歷史意涵的轉型正義工作，再次躍上檯面，進入民進黨二度執政的政治議程。

促進轉型正義委員會

然而，民進黨在二〇一六年國會選舉獲勝後未久，就以「推動政黨公平競爭」為核心論述，先將理應屬於轉型正義工作一環的黨產追討單獨立法，率先通過《政黨及其附隨組織不當取得黨產處理條例》（下稱「黨產條例」），持續強化了轉型正義工作針對特定政黨的色彩。然而，與「黨產條例」同時草擬的《促進轉型正義條例》草案卻遭到擱置，也因此受到支持者的高度壓力與批判。隨後，蔡英文就任總統，民進黨重新取得行政權，檔案局再次展開了新一波的政治檔案徵集工作。有別於前階段的徵集工作多半聚焦在當事人「受到逮捕之後」的偵訊與審判流程，此次徵集工作納入了大量當事人「受到逮捕之前」的情治與偵蒐過程，是否應該在《檔案法》之外另以特別法來規範大量的此類檔案，也成為轉型正義工作在這個時期的新議題。在政治受難者團體持續的壓力下，民進黨立委佔多數的國會在完全執政已超過一年半的二〇一七年十二月才三讀通過《促進轉型正義條例》（下稱「促轉條例」），預計成立由隸屬行政院，並有兩年任期限制的的二級獨立機關「促進轉型正義委員會」（下稱促轉會）來統籌規劃轉型正義事務。但在此同時，也有批評指出相較於由行政院指揮各相關機關推動轉型正義工作，由隸屬政院、無權指揮其他機關的單一機關統籌推動的「框架式立法」，將讓臺灣的轉型正義工作更形艱難。

在第六次總統直選之後，臺灣首次有了一個專職負責轉型正義工作的政府機關。促轉會並不像前述許多國家的例子，在既有政府體制之外，行使特定權力。再加上民進黨首次完全執政的初期，包含年金改革、勞基法修正等議題就已經高度佔據主要政治議程，轉型正義工作很快變成一個相對邊緣的議題。在民進黨沒有善用完全執政初期的政治能量，領導社會推進轉型正義的情況下，促轉會從初始就顯得顛躓難行。

例如，首任主委黃煌雄因為擔任監委期間，涉及袒護馬英九擔任總統時所信任的檢察總長，被長期在民間倡議轉型正義工作的學者與意見領袖社群普遍認為欠缺獨立性，因而有不適任的疑慮。接著在二〇一八年縣市長選舉前，副主委張天欽在內部會議中指出應該針對當時正在參選新北市長，過去擔任刑警時期曾參與鄭南榕圍捕行動的侯友宜，好好操作轉型正義議題，此會議內容遭祕密錄音而流出，媒體稱為「東廠事件」。這個風波更讓促轉會似乎成為黨派政治的產物，不僅間接造成該年選舉民進黨大敗，對社會大眾而言，也讓轉型正義工作的正當性更加低落。黃煌雄亦在張天欽請辭後隨之請辭。二〇二〇年總統大選間，民進黨政府忙於保衛政權，促轉會主委持續處於代理的狀態，直到總統大選勝選連任後行政院才重新送請立法院同意，隨後已達促轉會兩年任期，必須報請行政院同意延任。換句話說，促轉會在法定的兩年任期間，在執政者「立法不周、所用非人、政治遺棄」的情況下，所能發揮的社會影響極其有限。

平心而論，促轉會並非全無成績。在《促轉條例》第六條「平復司法不法」相關條文的訂定下，前述因為《國家安全法》第九條無法上訴而始終仍具有「前科」的政治受難者，只要曾經受領二二八賠償或戒嚴時期不當叛亂暨匪諜審判案件（即指白色恐怖案件）補償的人，有罪判決就在《促轉條例》施行時視為撤銷。這種特殊的立法撤銷模式，參考自德國處理納粹法院做成的判決，在九〇年代通過的法律。透過立法權的特別授權，大量撤銷司法曾經做出的「不正義」判決。固然在權力分立上，立法者不可以透過法律來干預司法，但是面對轉型正義的種種艱困，以不針對特定個人的方式，溯及既往地讓具有許多程序瑕疵和實質不正義的軍事審判判決，可以不經由上訴或再審，直接被撤銷，是立法者經過種種考量後，所做的選擇。為了彌補立法撤銷，可能無法顧及的其他案件（也就是補償基金會受限於補償條例，無法補償的對象），立法者特別讓未曾受領補償的人也能夠向促轉會聲請調查，由促轉會認定是否違反公平審判原則和自由民主憲政秩序，而做出是否撤銷的認定。

無論是立法直接撤銷，或是經促轉會認定後，比照立法撤銷，這些有罪判決都不是無罪宣告，而只是基於法律規定而遭撤銷。促轉會在認定是否撤銷時，處理了不少過去可能不被認識為白色恐怖政治案件的孤立案件（例如只有一位受難者），這些案件在聲請後得到平反，也擴展了我們對白色恐怖的認識。也因為在接受聲請進行調查的過程中，促轉會認識到許多過去我們陌生的威權統治迫害樣態，而在二〇二一年初提出了促轉條例的修正草案，希望進一步將威權統治時期沒有司法判決、但由公務人員所執行的國家不法行為（如：當事人未被起訴卻被移送到特定地點強制工作），納入平復範圍。此外，過去沒有進行過的受難者遭政府沒收財產返還的工作，促轉會也擬定了相關法律草案。促轉會也函請司法院針對九件涉及威權體制建立與軍事審判壓迫的大法官解釋，予以解密並公開。此外，根據促轉會的出版品說明，司法院已經同意在二〇二一年五月前進一步將檔案管理局審選為政治案件的七十四件大法官解釋，移交檔案管理局。

前述的檔案徵集工作，在二〇一九年立法院三讀通過《政治檔案條例》後，針對二二八、動員戡亂體制、戒嚴體制相關政府與政黨檔案如何徵集、整理、保存，及開放應用加以規範，建立更加穩固的法律依據，促轉會也在這樣的基礎上完成林宅血案與陳文成案調查報告，首次從政府立場指出威權統治時期執政當局對兩案涉有重嫌。在情治與偵蒐檔案方面，促轉會也透過初步訪談當事人（監控者／線民與被監控者）開始進行研究，讓情治系統在威權統治時期扮演的角色，終於首次正式進入臺灣白色恐怖歷史研究的領域中。另一方面，政治受難者與其家庭過去得到了金錢補償，然而他們所受的創傷卻可能在家族中世代繼承而未曾受到正視，促轉會邀集了許多助人工作者，投入高齡政治受難者長照與受難家庭政治暴力創傷療癒工作的研究與規劃，首次捲動了助人工作者社群進入轉型正義工作。

綜合前述，我們可以理解，在隸屬行政院的體制架構下，促轉會一定程度地維繫了政治受難者與若干專業社群在轉型正義工作推展上的動能；然而這樣的體制架構加上執政者欠缺執政所需的意志與勇氣，也讓這個階段的轉型正義工作毫無政治領導而失去對政府體制整體，乃至對社會的影響力。舉例來說，直屬總統府國家安全會議的國家安全局移轉檔案局的政治檔案，引用了《政治檔案條例》的排除條款「有嚴重影響國家安全或對外關係之虞」遮掩線民與情治人員的資訊。法務部調查局移轉的檔案也引用《情報人員工作法》與《國家機密保護法》建議對開放應用加以限制，在在顯示了轉型正義價值並未融入政府的整體施政。事實上，無論行政不法納入平反、情治檔案公開、政治暴力創傷療癒等工作，都是臺灣轉型正義工作全新的面向，充滿潛能，足以開展各式各樣的公共討論與敘事，回應轉型正義工作「朝向未來」的核心精神，成為臺灣下一階段民主化進程中的重要資糧。但在本文所述兩黨欠缺動力，「民主」的意涵也逐漸縮限到剩下「選舉」的情況下，這些工作也就變成只是「相關人士的事」。

以韓國轉型正義作為比較，臺灣的民主化是在黨國體制下，由前威權政黨推動轉型。韓國則是由軍人執政的全斗煥和盧泰愚共同默許下，進行政治自由化的工作。但盧泰愚下臺後，繼任的金泳三總統在在野黨龐大的壓力下，推動了五一八特別法的制定。臺灣則是前威權政黨持續執政十二年，並掌握各種國家資源，挹注於選戰當中，在民主化後轉身成為民主政黨。因此，此時的前威權政黨不只代表威權政黨欠缺自我匡正的動力而讓轉型正義工作無法在民主化初期開始推動，也代表「民主化的規則」（制定與修正憲法、政府體制、選舉制度）是由（宣稱已經民主化的）前威權政黨領導建立。所有希望參與民主化工作的的政治社群都必須加入這個規則，這讓臺灣的民主化工作在很早的階段就被等同於體制化，以及以選舉為主要參與路徑的世俗化，也讓後繼的執政者不分政黨，認為「民主」就是依附民意趨勢投其所好，而不相信「民主」其實也可能是透過嶄新的政治議程設定，領導民意與社會共同前往更有共善可能的政治價值。對執政者而言，因為只看到轉型正義工作「針對國民黨」而沒有看到「營造民主共同體」的面向，於是就在又要應付支持者，又不願承擔責任，又想避免社會衝突的情況下父子騎驢，讓轉型正義工作始終停滯不前；而這樣的停滯不前也讓臺灣社會從執政者到人民都繼續迷戀威權，高度同理掌握權力的統治者，「民主」也就更加停留在一次又一次對掌權者的選拔之中，人民的政治權能也逐漸弱化。

這是在臺灣社會上空盤旋不去的威權幽靈循環，而我們暫時還沒有看到擺脫這個循環的可能性浮現。

參考資料

- 賴澤涵，《二二八事件研究報告》，時報，一九九四。
- 臺灣民間真相與和解促進會，《記憶與遺忘的鬥爭》，衛城，二〇一五。
- 若林正丈著，洪郁如等譯，《戰後臺灣政治史：中華民國臺灣化的歷程（臺大出版中心二十週年紀念選輯第八冊）》，臺灣大學出版中心，二〇一六。
- 璐蒂・泰鐸（Ruti G. Teitel）著，鄭純宜譯，《轉型正義：邁向民主時代的法律典範轉移》，商周，二〇一七。
- 陳進金、陳翠蓮、蘇慶軒、吳俊瑩、林正慧，《政治檔案會說話：自由時代公民指南》，春山，二〇二一。

第一部・壓迫

第一章

黨國體制

文／陳冠瑋

◎什麼是黨國體制？中華民國政府如何建立黨國體制？其有什麼特徵？

◎中國國民黨扮演什麼樣的角色？

◎黨國體制對臺灣人民的生活帶來什麼影響？

一九九〇年代開始，臺灣逐步走往自由民主的道路，在此之前，自第二次世界大戰終戰後，直到一九八七年解嚴、一九九一年結束動員戡亂時期，臺灣在中國國民黨統治的中華民國下，長期受到威權、非民主、一黨專政的「黨國體制（party state）」所籠罩。「黨國體制」究竟是什麼？在臺灣如何形成？如何運作？如何影響人民的生活？

中華民國的黨國體制如何成形？

日本於一九四五年宣告投降後，中華民國接收臺灣，臺灣從此納入了中華民國的訓政體制。而中華民國實施的訓政是一種黨國合一的體制。

根據孫中山於一九二四年擬定的《國民政府建國大綱》，國家建設的階段分為軍政時期、訓政時期、以及憲政時期。經歷了軍閥割據、內戰不斷的軍政時期，一九二八年中國國民黨終於「北伐成功」，宣稱掌握了中華民國主要的領土，自此，中華民國進入訓政時期。訓政時期的國民政府以一九三一年公布施行的《訓政時期約法》，確立了中國國民黨以黨領政的黨國體制，由中國國民黨「訓練」國家與人民進入未來的憲政時期的能力。

司法院大法官在處理黨產案的第七九三號解釋中，也描述了這段法制背景：

「臺灣於第二次世界大戰結束後，繼受中華民國法制，進入中華民國訓政時期約法（二〇年（按：一九三一年）六月一日公布施行）體制。該約法明文承認中國國民黨在國家體制內，代表國民大會行使中央統治權，具有指導監督政府之地位（訓政約法第三十條、第三十一條、第三十二條、第七十二條及第八十五條參照），而於訓政時期形成黨國體制。」

首次以「黨國體制」來定義當時憲政狀態的大法官在這號解釋中繼續寫道：

「嗣中華民國憲法於三十六年（按：一九四七年）十二月二十五日施行，訓政時期結束，進入憲政時期。惟第一屆國民大會代表於三十七年（按：一九四八年）五月十日依憲法第一七四條第一款規定之修憲程序，制定公布動員戡亂時期臨時條款，而第一任總統旋即於三十七年（按：一九四八年）十二月十日依據臨時條款公布全國戒嚴令（未包括臺灣）；嗣臺灣省政府、臺灣省警備總司令部佈告自三十八年（按：一九四九年）五月二十日起臺灣全省戒嚴。又於動員戡亂時期，因臨時條款之規定，總統權力明顯擴大，且第一屆中央民意代表因未能改選而繼續行使職權，加以總統大多並兼中國國民黨總裁或主席，致使中國國民黨事實上長期立於主導國家權力之絕對優勢地位，從而原應隨憲法施行而結束之黨國體制，得以事實上延續。」

因此，可以說臺灣於一九四五年至一九四七年經歷了中華民國「訓政時期」的黨國體制，而進入「憲政時期」後，由於迅速進入動員戡亂時期及戒嚴體制，加上中國國民黨於一九四九年在國共內戰中敗北，中華民國政府在臺灣重新建立，整個黨國體制的核心全面籠罩臺灣。透過國民大會和司法院大法官的解釋，在臺灣創造了「萬年總統」與「萬年國會」，使得中國國民黨的黨國體制獲得形式上的合法性。

事實上，從訓政時期開始，雖然職位名稱屢有更迭，但中國國民黨實質的最高領導人一直都是蔣介石，直到他在一九七五年四月五日逝世，由其子蔣經國繼任。基於在中國內戰遭遇的重挫，蔣介石把主要問題矛頭指向了黨員與組織的鬆散與腐化，而從一九五〇年代前半開始，啟動了中國國民黨改造的腳步。

一九五〇年三月蔣介石「復行視事」後，進一步嘗試推動「中國國民黨改造方案」，這是一系列黨內組織、成員與觀念重整的過程。一九五〇年七月，蔣介石表示「如不徹底改造，將有亡黨危機」，組織了「中央改造委員會」，執行原本「中央執行委員會」與「中央監察委員會」的決策職權，推出各種措施，目標是達成「領袖得以貫徹領導」、黨政軍一條鞭，即「以黨領政」、「以黨領軍」。

這波中國國民黨在臺灣的改造，就成員方面而言，包括黨員制裁與除籍、吸收新黨員，以及號召黨員歸隊等作法，重新編組黨員，過程造成了黨員結構的大幅變動。政務方面，蔣介石將行政系統的重權交予陳誠，另外，改革進行了軍警系統的重組，也包括由蔣經國實際參與特務系統在臺灣的重建與統合。這些重組的過程中，排除了過往的派系（如CC派），鞏固了領導核心，也維繫了所謂「遷佔者集團」的團結，並形成了明確一條鞭式的金字塔統治結構，金字塔的頂點便是蔣介石。一九五二年十月，國民黨的第七次全國代表大會宣告改造完成，確立了國民黨反攻大陸「革命民主政黨」的定位，並組成新的「中央常務委員會（中常會）」，成為決策中心。中常會共十名成員，由蔣介石指定，排序第一位為陳誠、第二位是蔣經國。中常會具有重要決策與人事案的權限，實質內容皆由蔣介石指示。新的黨務決策模式可說是移植了改造時期的一條鞭模式，使「特殊時期」的集權式決策結構成為了平時的結構。

總之，中國國民黨的這波改造不僅進行了內部改革，也使得國民黨可以達成國家各部門的控制，可說是確立了臺灣的黨國體制。而以蔣介石（後來是蔣經國）為頂點的權力架構，成了維持穩定的重點，這種統治結構甚至持續到解嚴之後。

由上可見，臺灣的「中國國民黨－中華民國」黨國體制的成形，經歷了移植、改造、鞏固等階段。而在受到黨國體制籠罩的這段時間裡，國家機器遭一黨獨佔、甚至一人獨裁的方式運作，發生了各種對人民造成的各種限制與壓迫，政治上的不自由、各種政治案件、白色恐怖、省籍衝突、黨禁報禁等等，為臺灣社會留下了許多傷痕。

黨國體制如何運作

中國國民黨在臺灣統治的體制，是以最高領袖為中心開展的各式治理手段。蔣介石、蔣經國擔任最高領袖的期間，集所有權力於一身，並調整法律體系支撐其統治，例如《動員戡亂時期臨時條款》、《臺灣省戒嚴令》、《懲治叛亂條例》，以及《戡亂時期檢肅匪諜條例》等（參考本書〈黨國體制下的法律體系〉）。以下，將從行政、立法、司法、軍事等面向簡要地勾勒黨國體制的具體運作：

總統連選連任

以行政而言，《動員戡亂時期臨時條款》是維持領袖權力在握的關鍵，架空了《憲法》所規定的總統連任次數。一九五〇年，《動員戡亂時期臨時條款》第一次修正，讓總統副總統可以無限制次數地連選連任，並授權總統處理大政方針，強化了總統職權。因此，雖然看似有《憲法》存在，且各機關各司其職，然而蔣介石本人的領導地位其實如同終身職，而他也透過改造國民黨，使不同系統的管理階級多有自己的人馬，實質形塑了領袖高於國家的統治權力。實際上，各種決策也是以領袖及其領導的中常會為決策核心。中常會通常於星期三召開，而星期四則是行政院院會，中常會的決策帶到隔天的院會，可以說是常態，更是黨國體制昭然運作的例證。

萬年國會

黨國體制可以維持，一大原因也是長年不改選的「萬年國會」。依照最初的中華民國憲法與大法官解釋，中華民國的中央民意機關包括國民大會、立法院、以及監察院。一九四七年第一屆代表以全中國為選區選出後，中國國民黨不久便撤退來臺。立法委員任期屆滿後在行政院建請總統咨商後繼續行使職權，而一九五三年蔣介石以「總統代電」，指示第一屆國大代表任期屆滿後也不須卸任，這批國大代表也繼續支持蔣介石一次又一次的連選連任總統，總共當了五任中華民國總統。而隨時間經過，這些不必改選第一屆資深國大代表也逐漸凋零，許多高齡的「萬年國代」在擔架、病床上投票的荒謬畫面至今仍常被人提起。

關於民意代表長年不改選的狀態，行政院在一九五四年將立法院、監察院任期問題函請司法院解釋，司法院大法官在釋字第三十一號指出：

「憲法第六十五條規定立法委員之任期為三年；第九十三條規定監察委員之任期為六年。該項任期本應自其就職之日起至屆滿憲法所定之期限為止，惟值國家發生重大變故，事實上不能依法辦理次屆選舉時，若聽任立法、監察兩院職權之行使陷於停頓，則顯與憲法樹立五院制度之本旨相違，故在第二屆委員未能依法選出集會與召集以前，自應仍由第一屆立法委員、監察委員繼續行使其職權。」

一九五四年的大法官肯定了「國家發生重大變故」，「事實上」不能辦理改選的做法。也就是說，黨國之下，中央的立法部門淪為持續替最高領導維持權力的橡皮圖章，無法達到實質監督制衡的效果。

另一方面，不改選民意代表的原因之一是國民黨想要維持「法統」。因為一旦改選，新的代表事實上便不是來自全中國，僅限於實質統治的臺灣，那麼中華民國也將失去代表全中國的正當性。因此，不改選也是為了來自全中國大陸「法統」的維繫。

總統介入審判

司法本應講求獨立，但在黨國體制下，除了將政治案件交付軍事審判，蔣介石的權限甚至也可以直接影響司法，一種方式是直接利用統帥核覆權更改判決結果，一種則是事先介入確立判決原則或親自修改判決內容。例如，一九五六年公布的《軍事審判法》，其中第一三三條賦予了總統將不當判決發交覆議的權限，可謂是明文給予總統介入審判的空間。同條雖然限制覆議以一次為限，但現實中，蔣介石不但並未遵守這個界線，有許多情形他更直接批示自己滿意的判決方式。例如，雷震被控叛亂的案件中，檔案顯示法院僅以一天就審判完畢，且事前由蔣介石與國民黨高層於會議中分列甲乙丙三案，決定其罪名與刑期，更由蔣介石親自裁示「題目（指判決主文）要平淡，須注意及一般人之心理」、「雷之刑期不得少於十年」、「自由中國半月刊一定要能撤銷其登記」。不僅未審先判，也明顯地架空法院認事用法、形成心證的權限。

透過政工控制軍隊

軍隊方面，雖然《憲法》要求政黨不得干涉軍隊，但中國國民黨在軍中成立了「政治工作」部門（後改為「政治作戰」），搭配了軍令系統與黨務系統（礙於憲法，並非公開），也是黨國的重要支柱。政工制度使得軍隊在軍官的體系之外，也受到黨的密切監控，達成了實質控制軍隊的效果。政治工作可概分為「組訓」、「輔教」、「監察」、「保防」、「福利」五大部分，其內容分別為：

組訓：平時進行人事調動，人員組織管制；戰時對敵進行俘虜編管。

輔教：平時加強官兵精神教育（如莒光日）；戰時對敵進行心戰工作，設有心輔官、諮商輔導士、心輔文書兵。

監察：平時考核官兵言行；戰時監控主官動向，也對軍中帳目及文書進行考核，並設有監察官。

保防：保密防諜之教育及實施，設有保防官。

福利：有關軍士兵生老病死之慰問撫卹，單位內福利之建設，以及眷屬之照顧。

外省優勢集團

另外，黨國在中央的統治中心是以外省優勢集團為主，領導各級機關與黨部。其中，對鐵票部隊的培養，包括對公教人員、現役官兵、眷村、榮民等，進行各種制度上的拉攏與照顧，對於黨國的穩固與延續亦有貢獻。這種被稱為「恩庇侍從」的關係，本質上是建立在利益的交換，黨國提供「優惠性」的照顧，而鐵票部隊提供對於政權的支持——如許多外省家庭自認「是國民黨養大的」，自然也會懷著「報恩」的心態持續支持黨。不過，除了外省集團，地方派系的拉攏也被認為是國民黨恩庇侍從體系的重要環節。

黨國的「末梢」，相對於中央，由於地方多由本省人菁英佔據政治優勢，自從二二八事件以降產生的「省籍矛盾」，這種族群區分的二重結構非常明確。地方政治菁英以本省人為主，除非受到國民黨高層的青睞與拔擢，他們幾乎沒有機會進入中央。黨對於地方的策略則是嘗試進行滲透，例如設置民眾服務站或控制農漁會等，直接對基層社會進行滲透，但並不總是順利。

黨國資本主義

經濟方面而言，當時國民黨的策略，被稱為「黨國資本主義」，其基礎是接收日本留下的經濟資產，由國營企業、省營企業、黨營企業掌握經濟管制，包括能源、運輸、金融等領域。同時，透過長期高額的政府補助款，達到黨庫通國庫的事實。黨掌握了豐沛的經濟資源，也透過各種手段累積了大量的黨產，這些都是維持統治優勢的重要條件，透過資源分配，對恩庇關係的掌握，同時也掌握了社會勢力。

思想控制

思想控制也是黨國體制運作相當重要的一環，政府透過法令進行思想檢查，涉及的面向非常廣泛，包括了對新聞、出版、電影、電視、廣播、音樂等各種審查，而除了廣電體系，也透過教育體系、公共空間的設置（如蔣介石銅像）向人民灌輸黨國意識形態，並壓抑本土語言、禁絕在地文化。黨國控制思想的手段不僅打壓異議，也透過各種層面的宣傳強化人民對黨國的忠誠與領袖的崇拜。

以管制架構而言，當時的「中國國民黨中央委員會第四組（中四組）」就是負責思想控制的任務，中四組的前身為「中國國民黨中央執行委員會宣傳部」，進行政治宣傳、新聞指導、出版管理、心防思想建設等工作。而戒嚴體制下，臺灣警備總司令部也負責統整各類文化工作的檢查，統整中四組等組織。依據《臺灣地區戒嚴時期出版物管制辦法》（修訂於一九七〇年之名稱，最早的法令訂於一九四九年），「詆毀國家元首、違背反共國策、影響民心士氣、挑撥政府與人民感情」等內容之出版品都可能被查禁。但這些充滿解釋空間的要件，提供了當權者與審查者極廣的介入空間。例如知名的「文星案」，即因為《文星雜誌》登載批判政府文字，主編李敖數度遭扣押，雜誌也遭停刊。而有時毫無政治意涵的出版品，也會遭到查禁，例如釋印順的《佛法概論》曾因書中提及西藏高原「傳說為樂土，大家羨慕山的那邊」就被認定為「隱含共匪宣傳毒素」。

透過各式各樣的思想控制，黨國體制下人民的思想自由深受限制，並普遍被定於威權崇拜之一尊，政策也影響臺灣社會對本土文化、語言等造成階級性的歧視。而提及國民黨進行思想控制的機制，「情治機關」是當時重要的樞紐。

「人人心中都有一個小警總」：黨國與情治機關

黨國體制的運作可說是深入了國家機器的各個角度。無論政治與經濟、行政立法與司法，國民黨壟斷了權力，並透過特別之法律控制、壓迫人民。國民黨維持統治權力不墜的一個重要工具，即是利用情治機關，以國家機制掌控社會、排除異己。

自國民黨改組以後，蔣經國便持續握有特務組織的實權。當時主要的情治機關包括國家安全局、臺灣警備總司令部（即警總）、內政部調查局、國防部總政治作戰部、國防部保密局、國防部憲兵司令部調查組等。國民黨利用數個情治機關進行特務統治，使這些情治機關職司調查、逮捕、審問政治犯的任務，成為政權進行思想檢查、打壓異己的工具，造成了人人自危，而互相監控也造成社會的不信任、以及言論自我審查，導致了「人人心中都有個小警總」的悲哀。

主要情治機關如下：

機關名稱	背景	簡介
國家安全局	蔣介石復行視事後，將原本非正式的「政治行動委員會」於一九五〇年調整為「總統府機要室資料組」，是在臺灣建立特務工作網的重要起點，一九五四年改組為國家安全局。	由蔣經國掌握實權，是所有情治機關的實質上級單位。

臺灣警備總司令部	中華民國接收臺灣後，原臺灣省警備總司令部總司令為陳儀，在二二八事件後，一九四七年改組更名為臺灣全省警備總司令部，由二二八事件中武力鎮壓臺灣人的彭孟緝擔任總司令，而第一號命令就是《臺灣省戒嚴令》。爾後屢經組織更迭，一九五八年在蔣介石領導的改組下成為臺灣警備總司令部。	實施戒嚴的機關。戒嚴令中各類禁令，都由警總負責，並審查各類信件、書刊等等，也因此，警總查緝、偵辦了大量的政治犯，影響人民生活甚巨。
國防部保密局	原為國民政府的軍事統計局。一九五五年改組為國防部情報局，保防業務歸於司法行政部調查局。	主要負責「保密防諜」的工作。
調查局	原本為國民黨黨部組織，後移為法務部下轄單位。	調查局除了協助偵辦政治案件外，早期也負責惡名昭彰的「人二系統」。依照《動員戡亂時期保密防諜實施辦法》授權，當時各機關、學校都設有「人事室第二辦公室」，主管情報業務，進行保防工作，處理各單位人員的思想「忠誠」。

除了政府機關以外，國民黨各黨部也深入各地、軍公教、校園與社會各行各業，進行實質的社會滲透與情報監控，達成打擊異己、維護政權的目的。黨國之所以可以維繫，靠著情治機關監控、建立黑名單，進而發動實際逮捕、偵辦等程序「剷除」異議分子，包括對生命的剝奪。民間線民的普遍更是在臺灣社會造成諸多不信任與自我審查的問題，依照促轉會的資料，一九八〇年代間，光是大專院校每年就有四千至五千人參與第一線的政治監控，實際受影響的人難以計數。親人、朋友、同學，都有可能是「抓耙子」，將情報提供給情治機關。在國民黨的特務統治下，人民的自由受到了極大的限制。

黨國體制對臺灣人民造成的影響

以上，我們從體制的形成及其運作的諸多面向簡單描繪了黨國體制的輪廓，但黨國體制究竟有什麼問題？在黨國控制臺灣的期間，臺灣不是完成了各種建設、經歷了經濟奇蹟，成為亞洲四小龍？

對於中國國民黨與中華民國的黨國體制，既有研究列舉的特色常包括「高度一致性的統治團體」、「嚴密的社會控制」、「意識形態灌輸」、「對本土菁英的攏絡與分化」以及「高度滲透力的特務組織」。在這樣非民主的威權體制下，從政府機關到社會各領域都受到黨的嚴密控制，原本憲法規範的人民基本權利無法順利行使，思想自由受到高度的限制。而儘管有些經濟上的成就，但決策、經濟利益與權力的分配權限依然都在國民黨的手上。

事實上，憲政民主國家裡政黨與國家的關係不應如此。政黨可能全面執政，同時在行政與立法部門握有實權，但除了有獨立司法的存在外，定期選舉的存在，使得民意可以替換國會多數黨、執政黨，而不是像「萬年國會」般永遠擁戴同一個政黨與最高領袖。取得政權的政黨施政時受到人民監督，如果做得不好，人民有機會反映，並在下一次的選舉中替換掉該黨。然而，高壓的威權體制裡，在黨禁之下，無實質機會取得政權的其他政黨根本難以生存，政黨輪替難以發生，人民的思想也受到嚴密的社會控制，遑論如何「監督政府」了。

一九八〇年代後期，面臨海內外壓力，蔣經國以解除戒嚴作為回應。一九八七年七月十五日解嚴，但同時間通過《國家安全法》，繼續鞏固國民黨統治的基礎。蔣經國於一九八八年初過世，副總統李登輝繼位後，國民黨產生路線鬥爭。受到國際上八〇年代末期開始的第三波民主化影響，一九九〇年三月野百合運動提出終結萬年國大的要求，李登輝總統承諾召開國是會議，並於一九九〇年五月獲選為第八屆總統。大法官於同年六月公布釋字第二六一號，指出第一屆中央民意代表應於一九九一年十二月三十一日前全數卸任。於一九九一年五月一日國民大會通過廢止《動員戡亂時期臨時條款》。民主化的腳步漸漸站穩，黨國體制開始動搖。

然而，臺灣漸進式的民主化進程雖然被稱為寧靜革命，但民主化後仍由中國國民黨掌握政權，「黨國不分」的情形是否真的已經結束？數部惡法雖然廢止、情治系統改組，政黨也輪替了數次，但黨國散落在臺灣社會中看得見與看不見的餘存影響，似乎尚未遠走。國歌的「吾黨所宗」，指的是我們或是中國國民黨？國徽與國民黨的黨徽如何區分？思想控制對於社會的影響也深植民心，在民主化以後，儘管法令不再，黨國體制塑造出人民崇拜威權的心態，卻不像法律廢止就能立即消散，誠如被過去嚴密的社會控制所導致的「不要談政治」、「談政治很危險」的觀念，也依然存在臺灣。對於過往黨國體制的認識與檢討，或許是臺灣走在民主道路上不得不持續面對的課題。

參考資料

- 臺灣民間真相與和解促進會，《記憶與遺忘的鬥爭：臺灣轉型正義階段報告書》三卷，衛城，二〇一五。

- 周婉窈，《臺灣歷史圖說》，聯經，二〇一六。
- 若林正丈著，洪郁如等譯，《戰後臺灣政治史：中華民國臺灣化的歷程（臺大出版中心二〇週年紀念選輯第八冊）》，臺大出版中心，二〇一六。
- 林孝庭著，黃中憲譯，《意外的國度：蔣介石、美國、與近代臺灣的形塑》，遠足文化，二〇一七。
- 松田康博著，黃偉修譯，《臺灣一黨獨裁體制的建立》，政大出版社，二〇一九。
- 周婉窈，《轉型正義之路：島嶼的過去與未來》，國家人權博物館，二〇一九。

《國民政府建國大綱》

中華民國建立後，孫中山針對國家建設所提出的規劃方案，名為《國民政府建國大綱》，完成於一九二四年四月十二日。其將建設國家的程序分為三個階段：軍政時期、訓政時期與憲政時期。

《中華民國訓政時期約法》

訓政時期的規範秩序基礎為《中華民國訓政時期約法》，並展開籌備憲政、研擬憲法草案工作，並規定訓政時期的結束時間，以「訓政時期施政大綱」作為本時期各年度施政計畫的主軸，奠定日後行憲的基礎。

第一章附錄：

黨國體制下的法律體系

文／陳冠瑋

一九四五年，中華民國政權自行宣布接收臺灣。而一九四七年一月一日，《中華民國憲法》公布，同年十二月二十五日施行，臺灣也進入了這部憲法的體制。照理說，憲法是人民與政府間約定的權利清單，用以限制政府權力、保障人民自由。而憲政民主國家進一步由國民選舉出來的議會制訂法律，法律不得違背憲法，法律就是將憲法具體化的規範，落實憲法所提供的保障。這就是用「法治」取代人治。然而，從行憲後不久到民主化前的這段時間，臺灣卻歷經了專制獨裁的黨國威權統治，人民憲法上的權利遭到嚴重的限縮與剝奪。其中，法律扮演了很重要的角色。

黨國體制下的臺灣並不是沒有法律。事實上，威權時期的的中國國民黨政權仍然設計了一套法令，讓政府施政看起來是有法律依據的「依法統治」，讓黨國的統治獲得正當基礎。不管是控制人民思想、迫害反抗者，都是「有法可循」的。這也構成我們現在討論轉型正義時，經常會碰到的問題：當時既然是「依法」審判、「依法」行政，為什麼現在可以去推翻當時的判決或行政行為？這樣不是溯及既往嗎？

在真正的民主國家，法治的意義應該是「生活在符合法治精神的法律」下（rule of law），由民意制定法律，保障人民權利。而國民黨政府這種「有法可循」的模式，只是「以法統治」（rule by law），法律徒具「規範」的形式，但欠缺真正的法治精神。法律的功能在於維持政權的穩定。也就是說，黨國體制下的臺灣雖然形式上有法律，它們卻不能保障人民權利，反而成為鞏固統治的工具。而另一方面，儘管有了法律，政府也不一定確實遵守。

形構黨國體制的法規範體系

具體而言，國民黨政府透過幾項重要的法律規範，架構了黨國體制運作的空間，使黨國可以穩定地實施威權統治。這些規範包括著名的「三大惡法」——《動員戡亂時期臨時條款》、《臺灣省戒嚴令》、《懲治叛亂條例》，另外還有刑法內亂外患罪、《戡亂時期檢肅匪諜條例》、《國家總動員法》等等各式各樣無孔不入的法律，搭配《軍事審判法》的應用，形成了黨國體制的「法網」。

其中，所謂的三大惡法分別架空了憲法，剝奪基本權利，建構了威權統治的基本架構。以下簡要介紹它們的內容與功能：

一、《動員戡亂時期臨時條款》（一九四八年五月十日至一九九一年五月一日）

首先，《動員戡亂時期臨時條款》在一九四七年底行憲後的五個半月便上路，這部法規範由國民大會通過、國民政府公布，賦予總統「超越憲法」的緊急處分權，使得憲法旋即被架空。

動員戡亂的背景是國共內戰，意義是要國家暫時停止一切正常的權力運作狀態，集中權力給總統（也是三軍統帥），共同面對共匪之亂，而臨時條款是一種因應此種非常時期的特殊法律。在一九四八年四月第一屆國民大會第一次會議召開前，為了因應節節敗退的軍事情勢，蔣介石總統在一九四七年七月就發布動員令，七月五日宣示進入動員戡亂時期。因此有人說，中華民國憲法尚未正式施行，全國就已經進入動員戡亂時期。一九四八年國民大會召開第一次會議時，正式通過動員戡亂時期臨時條款。然而，這個「臨時」自一九四八年開始，雖然原先訂有兩年半的效期，但隨著中國共產黨於一九四九年十月一日宣布建立新政府，國民大會遲遲無法召開第二次會議。直到一九五四年為了選舉蔣介石為第二任總統，才勉強召開第二次會議，將《動員戡亂時期臨時條款》的時限延長。爾後又通過不同版本的動員戡亂時期臨時條款，直到一九九一年，近四十三年後，動員戡亂時期才告終結。

《動員戡亂時期臨時條款》除了在第一條明訂「總統在動員戡亂時期，為避免國家或人民遭遇緊急危難，或應付財政經濟上重大變故，得經行政院會議之決議，為緊急處分，不受憲法第三十九條或第四十三條所規定程序之限制」，第三次修訂時也賦予總統設置動員戡亂機構、相關大政方針制定、調整中央政府結構、人事組織的巨大權限。但這部法律所造成最大的影響之一，來自於一九六〇年的第一次修訂，這次修訂使得總統可以連選連任，不受憲法限制。蔣介石正是因為這個條款，得以不斷地連任總統，直至離世。

二、《臺灣省戒嚴令》（一九四九年五月二十日至一九八七年七月十四日）

《臺灣省戒嚴令》的全名為《臺灣省政府、臺灣省警備總司令部佈告戒字第壹號》，在一九四九年五月十九日由臺灣省主席暨臺灣省警備總司令部總司令陳誠頒布，隔日零時起開始全臺戒嚴（注1）。直到一九八七年蔣經國宣布解嚴，共經過了三十八年，是世界史上數一數二長的戒嚴，在這段期間之內，政府利用戒嚴令作為法源，實施類似戰時的軍事管理與統治，人民的思想與行為都受到了莫大的限制。

若簡單檢視戒嚴令的內容，可以發現其對人民限制甚巨，許多「擾亂秩序」的特定行為包括罷工罷市、造謠惑眾、鼓動學潮等，更是直接被規定了「唯一死刑」，亦即若被認定有罪，便判處死刑，而沒有其他如無期徒刑、有期徒刑的選擇。顯然，這是政府控制人民思想的重要工具，在戒嚴體制下，國家可以用剝奪異議分子的生命為要脅，維持統治的安定。

戒嚴也成為各類禁令與審查的「法源」。政府進一步頒布了更多不同領域的限制性法律，例如《臺灣省戒嚴期間新聞紙雜誌圖書管制辦法》。實則，當時除了黨禁、報禁，也禁歌、禁書，人民的思想、言論、出版、集會以及遷徙自由都受到了限制。這些禁令的範圍非常廣大，深入人民生活各個層面，特定出版品被禁與否的標準則是由政府認定，這也造成了許多「恣意」的空間，以及許多今日難以想像的禁書禁歌。例如鄧麗君的〈何日君再來〉被禁，便是因為被當局認為歌詞暗示了期待「共匪」到來。

戒嚴更影響了審判的程序。依據《戒嚴法》（注2）第八條，觸犯刑法特定罪名者（包括內亂罪、外患罪、妨害秩序罪、公共危險罪、殺人罪、妨害自由罪等，以及規定於特別刑法之罪名），軍事機關得自行審判或交法院審判。也就是說，法律在此開啟了平民可受到軍事審判之門，這和《憲法》第九條保障的「人民除現役軍人外，不受軍事審判」產生了落差。

三、《懲治叛亂條例》（一九四九年六月二十一日至一九九一年五月二十二日）

隨著《臺灣省戒嚴令》的實施，一個月後《懲治叛亂條例》公布施行，專門針對「叛亂罪犯」，包括內亂罪與外患罪。如同前述，戒嚴時期有許多罪名可以判處唯一死刑，並可以由軍事機關自行審判。而《懲治叛亂條例》也進一步明訂了「犯本條例之罪者，軍人由軍事機關審判，非軍人由司法機關審判，其在戒嚴區域犯之者，不論身分概由軍事機關審判之。」讓平民可送軍法審判，且本條例中，有包括唯一死刑在內許多極重的刑罰。

在臺灣電影《超級大國民》中，政治犯被依「二條一」起訴，指的便是《懲治叛亂條例》的第二條第一項，此條規定了觸犯刑法內亂罪、外患罪者，處唯一死刑。對照原本的刑法，這些罪名量刑範圍在有期徒刑、無期徒刑、與死刑之間，並且區分是否為首謀，然而「二條一」使得這一切都變成唯一死刑，且由軍事法庭審判。

除了三大惡法以外，仍有非常多的配套法律，層層控制人民的思想與生活。總而言之，透過這樣的法網，國民黨形塑了嚴密的社會控制架構。

偏離憲政的惡法

惡法之所以為惡，是由於這些法律不僅賦予黨國以維護統治為目的而介入人民生活進行各種管制的基礎，也是政府「處理」異議者的重要工具。在這些法律所打造的治理模式中，國民黨不僅擴張刑罰範圍，將各式罪名套用於異議分子上，更以不符合法治要求的偵審、核覆程序，造成了無數的政治案件，其中包括許多冤錯假案。當然，這些法律之間有些漏洞與衝突，但在法律的運用上，政府也充分發揮了「彈性」。羅織罪名、或是訴諸各種概括而模糊的法律概念（如「叛亂」、「顛覆政府」等）來限制、壓迫人民，在那個時代並非罕見。

至此，法的角色在威權時期淪為政權用來排除異己、打擊政敵、並鞏固自身統治的工具，更成為了黨國為所欲為的形式基礎，完全背離了憲政國家保障人權和限制政府權力的意義。

注釋

1 但關於臺灣省戒嚴令的合法性、程序瑕疵問題，頗有爭議。依照《戒嚴法》規定，戒嚴必須受到立法院同意才能實施，若是情況緊急，可以於宣告後一個月內提請立法院追認通過。一九四九年五月十九日臺灣省政府主席兼臺灣省警備總司令部司令陳誠發布「臺灣省戒嚴令」，宣告自翌日零時起全省實施戒嚴，但是始終找不到立法院追認臺灣省戒嚴令的紀錄。而且戒嚴令依法應該由總統宣告，而非臺灣省主席。這號戒嚴令符合規定的依據是一九四九年十一月二日行政院會議通過將臺灣劃作接戰地域，實施戒嚴。這個決議雖然後來經過立法院追認，先前卻未經代總統李宗仁宣告。但政府認為李宗仁已棄職出國，總統職務由行政院院長閻錫山代理，故由行政院咨請立法院查照，立法院據以追認，程序上可視為完備；而且立法院追認的範圍，也包括一九四九年五月的臺灣省戒嚴令。然而，無論爭議如何，臺灣仍然自一九四九年五月二〇日起，實際上進入戒嚴狀態。

2 原則上，戒嚴令頒布後，應進入適用戒嚴法的狀態。

第二章
社會控制

文／黃齡萱

◎什麼是「流氓」、「游民」？他們如何被法律定義？
◎為何在戒嚴時期，政府要「取締」這一群人？
◎社會控制如何影響人民的生活，造成什麼問題？

國民黨政府撤退來臺初期，為了儘速穩定政權，除了透過佈建情報網絡、嚴密管制出入境、建立政工系統、追捕政治犯等政治控制措施，防範「匪諜」滲入並在臺發展勢力外，並特別鎖定「散兵」、「游民」、「流氓」及「不法社團」，編制名單並規劃處理手段，藉以控制社會邊緣勢力和特定民間團體。

於一九五〇年的「臺灣省保安司令部年度工作報告書」中，臺灣省保安司令部（以下簡稱「保安司令部」）以表格形式仔細記錄了二十一件「不法社團」的調查與取締情形。這二十一個團體的名稱五花八門，也有幾個單從團體名稱，完全看不出集結緣由的組合（例如：四大金鋼、狂風大班）。這些團體的「不法性」，首先建立在他們都沒有經過政府許可及派員指導，不符《非常時期人民團體組織法》的要求。

宗教團體、流氓與游民

其次，從團體的組成來看，所謂「不法社團」，不乏「基督徒聚會處」、「一貫道」等共享相同信仰或教義，但被國家視為「邪教」的群體，例如：

不法社團名稱	組織分子	宗旨及企圖	取締情形
一貫道	該道時常以孔孟教為掩護，分布甚廣，臺中區負責人韓雨霖、嘉義市負責人林登登、屏東市負責人許清心、高雄區張逢士等吸收道徒數百人	散播邪教、迷惑人心	1五月間先後逮捕劉長瑞等六名，已分別判處徒刑 2陳文祥涉有匪嫌，於八月十二日經拘捕送保密局法辦 3屏東區許清心、許清波、李則、吳萬吉等已飭警拘送當地法院法辦。另七十一人各具悔過書察看
基督徒聚會處	該處在各地散遍頗廣，並吸收學生婦孺及無知民眾為教徒	在各地散發傳單，內容荒謬、企圖可疑	經以安信字六百八十五號代電飭警憲徹查並取締

事實上，早在一九四四年，內政部就已訂定《查禁民間不良習俗辦法》，認為「崇奉邪教」也是一種「不良習俗」，應該全面禁絕。一九四五年終戰後，隨著國民黨政府在臺灣行使統治權，該項規定併同整個中華民國法體制，一併適用於臺灣，而一貫道正是早在訓政時期就被點名的「邪教」，各（省）市政府都被內政部要求「據報各收復區有『一貫道』、『先天道』等

邪教組織，應依法查禁」。一直到一九六〇年代，對一貫道的警戒與提防，還可見警總代電司法行政部的公文提到：「關於查禁一貫道作業程序中查禁取締一項，對約談警告後再犯之為首分子（該邪教各地堂、壇主以上人員）依法論處一節，擬請貴部轉知各級地方法院，俾能有效取締該一貫道不法組織，以維我國家安全。」

國家對宗教性社團進行強力壓制，顯示統治者不希望看見有高於個人的集結存在，因為群體到達一定規模，就有挑戰政權的能量。成員眾多、擁有巨大號召力與內聚力的宗教組織，帶給統治者的威脅感，並不亞於政治犯。

不過，所謂「不法社團」的大宗是像「新德義堂子弟團」、「七星黨」等，由「流氓」或「游民」組成的「惡勢力團體」。在保安司令部的紀錄中：

不法社團名稱	組織分子	宗旨及企圖	取締情形
新德義堂子弟團	基隆市中正區一帶地痞流氓百餘人，其重要分子有郭天瑞、張永廖、何玉燦等	利用團員不法活動，擴張惡勢力	五月二十日以安信字八百二十三號代電嚴令警務處取締
七星黨	擁有鹿港鎮無業游民，其重要分子有趙明通、李木村等	以研究拳術為名，各擁游民分派而立	以安信字第一千四百一十九號代電飭警切實取締

彼時國家向社會大眾聲稱，公權力必須介入處理的「流氓」行徑，依照一九五五年《臺灣省戒嚴時期取締流氓辦法》（以下簡稱《取締流氓辦法》）規定，包括：

一、非法擅組幫會，招徒結隊者。

二、逞強持眾，要脅滋事，或佔據碼頭車站及其他場所勒收搬運費與陋規者。

三、橫行鄉里欺壓善良或包攬訴訟者。

四、不務正業，招搖撞騙，敲詐勒索，強迫買賣或包庇賭娼者。

五、曾有擾亂治安之行為，未經自新，或自新後仍企圖不軌者。

六、曾受徒刑或拘役之刑事處分二次以上仍不悛改顯有危害社會治安之虞者。

七、游蕩懶惰邪僻成性而有違警行為之習慣者。

其中，第七種行徑提到的「違警行為」泛指一切「應予指導及糾正的人民生活習慣」，戰後即施行之《違警罰法》包山包海地臚列一系列有關妨害安寧秩序、妨害交通、妨害風俗、妨害衛生的日常活動，諸如男子留長髮、女子外穿透明尼龍衣服，卻沒有於內衣外再著襯衣、計程車無故拒絕載客等，均曾被認定構成違警行為。

而游民的界定，則見於一九五〇年《臺灣省取締散兵游民辦法》（以下簡稱《取締散兵游民辦法》）規定：

凡住在本省之軍民及公教人員，有左列情事之一者，均應予以取締：

一、居住本省逾規定期限尚無合法戶口（含流動戶口），或未持有本省國民身分證之軍民與公教人員。

二、游蕩無賴或招搖生事者。

三、無證章符號證件或有證章符號證件而已失時效之官兵。

四、乞丐與形跡可疑者。

五、未經登記之行商攤販。

六、星象巫卜及其他非正常職業，經勸令改業而不遵辦者。

除了直接在《取締散兵游民辦法》明定，無法提出合法身分證明或沒有完備戶口通報的人就是「游民」，必須視其「思想是否純正」，銜接不同的處置方法。政府也陸續公布《臺灣省整理戶籍實施辦法》、《臺灣省戶口查察辦法》，同步進行戶籍整理，並規劃更嚴密的戶口查記方法，將主責治安業務的警察拉進戶籍管理工作，規定「民政主管戶籍行政，辦理登記，警察辦理戶口查察，掌理異動（包括流動人口）」，由警察單位擔當查戶口的主力。警察除了一般性戶口查察（收到戶籍登記書副本後按址複查、定期訪問勤務轄區內住戶進行抽查等），還可基於保安需要，進行突擊檢查，藉以發現匿報的戶口異動、未依法申報登記的流動人口、散兵游民、匪諜或犯罪者。

綜合政府配合「不法社團」取締作業，陸續訂定的《取締散兵游民辦法》，以及與這二則相連動的日常活動管制、戶籍管理等行政法規，在國民黨政府撤退來臺初期，會被鎖定具有危險性的人，很大一部分是無法被鑲嵌於政府可掌控系統（戶籍、經許可組織的人民團體、正當職業等）的離散人群。

「流氓」或「游民」的存在，不只是規模有大有小的民間勢力，更有可能遭各方勢力（特別是「匪黨」）利用，進而威脅到「確保臺灣作為反攻大陸基地」之國家安全任務，有害國民黨政權之穩定。取締這類「不法分子」，反應了國民黨政府撤退來臺初期，在統治基礎尚不穩固之狀態，高度參照訓政時期在中國的統治經驗，預先匡列統治領域內的「治安問題人口」，並規劃將這群人集中監管、強制勞動。一旦被認定為流氓或散兵游民，分別「依本辦法逮捕之流氓，合於刑法保安處分之規定者，軍司法機關於裁判時，應併宣付保安處分。其屬違警，而有違警罰法第二十八條之情形或曾有前科或違警處分而有妨害社會治安之虞者，送交相當處所施行矯正，或命其學習生活技能。」（《取締流氓辦法》第六條）、「收容之散兵游民，不論本省籍或外省籍，其年壯力強思想純正者，一律由各縣市（局）冊報保安司令部層報國防部，分送馬公、金門、定海等地強制撥服勞役」（《取締散兵游民辦法》第六條第一款）。

在臺海局勢緊張的時候，清查及處理流氓、游民亦是政府應對戰亂的緊急措施之一。例如：一九五〇年撤退來臺初期，保安司令部要求各縣市政府辦理「流氓總調查」，列冊全臺「流氓」名單，並於年度工作報告中特別註記「該批流氓於必要時可隨時予以逮捕」。一九五八年，臺海戰勢又一度緊張，臺灣警備總司令黃鎮球表示「目前局勢緊張，已進入全面警戒備戰時期，本部為配合作戰，加強治安之維護，必要時將全省各地之各級流氓，均集中管訓」。

當戶籍制度（包含設籍、戶口申報、移入／移出登記制度）與身分制度建立並穩定施行一段時間，再加上移入臺灣的人口減少，國家對人口組成、變動及個人移動足跡的掌握度提高後，漸漸比較常使用流氓控制手段來處理「治安問題人口」。另一方面，隨著臺灣的經濟結構轉變、政治參與機會增加，會讓威權統治當局感到威脅的「流氓」型態也更為複雜與多元：流氓控制手段曾經被用在打擊「黑社會分子」，如一九八五年間高雄市政府警察局提報盧國安為流氓時，記載其不法事證為「無業、遊手好閒且居無定所，曾有賭博財物之違警紀錄與開設賭場圖利前科，仍不知悔改，復與朱志明共同設賭抽頭及私藏槍械彈藥，其行為已嚴重危害社會治安甚鉅，顯屬黑社會不良分子，符合一清專案取締對象」。

「流氓」的定義也被用在對付政治異議分子、社會運動參與者，以排除其公眾參與，如一九六一年被以流氓案件逮捕，並移送設在小琉球的職訓第二總隊矯正的林水泉，在這個時間點被逮捕的根本原因，是林水泉當年間參加臺北市第五屆市議員選舉時，發表諸多批判政府機關處事不公之言論；以及一九九〇年郝柏村就任行政院長之初，直接要求警政署長加強提報環保、工運、農運之「社運流氓」。

上述威權統治時期，國家處理「游民」、「流氓」、「不法社團」等治安問題人口的歷史軌跡，呈現了統治當局在政治控制和思想控制之外，汲汲於更全面地建立社會控制。

威權統治當局的第一步，是採取「以軍領警」的政策，一九四九年成立的保安司令部，以及其後併編成立的臺灣警備總司令部（以下簡稱「警總」），在威權體制下是位階最高的治安機關，警察系統受其指揮，也要分擔各項保防、國安任務。威權體制讓整頓地方秩序與維護國家安全的權力高度集中在保安司令部（警總），保安司令部（警總）同時對治安問題人口及政治犯的界定與處理，享有主導權，甚至可以恣意挪用、組合分別對應的強制力手段與處理程序，以鞏固政權之穩定。

八〇年代的一清專案

除了前述將政治異議分子移送流氓管訓，最為極致的操作當屬一九八四年十一月十二日十八時起至一九八五年十一月三十日期間，由警總主導規劃的「一清專案」。各縣市警察局鎖定轄區內亟待處理的流氓並設為「一清專案目標」後，擷取《懲治叛亂條例》第四條第一項第十款規定「有左列行為之一者處死刑、無期徒刑或十年以上有期徒刑：四、受叛徒之指使或圖利叛徒而煽動罷工、罷課、罷市或擾亂治安、擾亂金融者」中「擾亂治安」之叛亂行為內容，提報警總，以該名流氓「涉嫌叛亂」，報請軍事檢察官核發拘票及搜索票。

警察將該名流氓拘提到案、執行搜索並完成初步偵訊後，一律解送警總羈押，警總隨即又再發交警察局，由警察查看這名流氓有沒有「叛亂意圖」，通常都是沒有。警總接著就以警察的「調查結果」，針對該名流氓「涉嫌叛亂」的罪名，給予不起訴處分，但同時核定專案矯正處分，認定這個當事人雖然不是叛亂犯但是「流氓」，再由警察單位移送管訓。「一清專案」整套流程，除了藉助叛亂犯拘捕程序來營造「政府展示掃黑決心」的震撼感，並規避行政院前於一九六五年以行政命令要求治安機關必須調整流氓取締程序，保障交查或被檢舉為流氓者之程序上權益「……其有依法得施以矯正處分或令其學習生活技能之必要者，在處理時，應予被處分人以申辯之機會，慎重裁決，並以裁決書送達被處分人。如其依違警罰法第四十六條規定提起訴願者，並應依同法第四十七條之規定處理。」，讓被列入「一清專案」的流氓「快速通關」，直送管訓。

不僅如此，一九八五年制定《動員戡亂時期檢肅流氓條例》（以下簡稱《檢肅流氓條例》），改由治安法庭審理並裁定感訓處分前，警察單位經常援引前述《取締流氓辦法》第六條規定，以當事人符合《違警罰法》第二十八條所稱「因遊蕩或懶惰而有違警之習慣」，直接移送職業訓導總隊執行矯正處分。這種未經司法審判把關，僅憑一紙行政命令，就可以移送「流氓」服勞役，而且無明確執行期限的流程，創造第一線執法者，亦即基層警員的濫權空間。

例如，一九六六年，有位林炳耀原本是個農夫，他和楊自補互告好幾個刑事案件，其中一案法院曾傳喚警員到庭作證，雙方纏訟期間，楊自補祕密檢舉林炳耀，受理的警員正好是出庭作證者的同事，竟然因為林炳耀在警局作筆錄時提到，出庭作證警員的說詞前後矛盾，就以林炳耀「對值勤警員有不當言行」等事由，認定他是「流氓」，將他拘留警局並移送管訓。這名警員後來被監察院彈劾，監察院在彈劾案文中直指該警員「為達補送管訓目的而深文羅織」，明顯濫用辦理流氓管訓的權力。

司法院大法官也在第一六六號解釋、第二五一號解釋中，針對《違警罰法》中由警察限制人身自由的手段，不管是拘留、罰役、或「送交相當處所，施以矯正或令其學習生活技能」，明確認定違反了憲法第八條對人身自由之處罰的程序要求，「應迅改由法院依法定程序為之」。公權力發動類似形式的《戡亂時期預防匪諜再犯管教辦法》第二條規定「匪諜罪犯判處徒刑或受感化教育，已執行期滿，而其思想行狀未改善，認有再犯之虞者，得令入勞動教育場所，強制工作嚴加管訓」，也被司法院大法官在第五六七號解釋宣告違憲，大法官明白指出這種規定模式「未以法律規定必要之審判程序，而係依行政命令限制人民身體之自由，不論其名義係強制工作或管訓處分，均為嚴重侵害人身自由之處罰」，顯然規避了憲法第八條對人身自由之處罰的程序要求。

整體來說，與政治案件相比，取締「游民」、「流氓」、「不法社團」等社會控制手段，經常訴諸內部的安寧秩序，而爭取到民眾支持，但是當威權體制賦予執法者寬鬆的裁量空間與不受監督的權力，就讓社會控制策略成為濫權的溫床，除了造成實際的人權侵害案例，也讓社會控制被收編為壓迫體制一環，回頭再鞏固威權體制。

參考資料

- 林瑋婷，《臺灣戰後流氓控制（一九四五－二〇〇九）－一個社會學的考察》，臺灣大學社會學研究所學位論文，二〇一一。
- 監察院調查報告 2018/05/17：https://www.cy.gov.tw/CyBsBoxContent.aspx?n=133&s=6106

第三章 軍事審判

文／高毅

Q：軍事審判與普通審判的差異是什麼？

A：刑事訴訟的目的是在公平審判和正當程序的前提下，盡可能地發現真實，勿枉勿縱，以回復犯罪所造成的損害。相較於此，軍事審判有不同的目的，例如：「維持軍紀，貫徹軍令，以達成捍衛國家克敵效果之使命。」軍事審判常被視為軍事長官統率部屬之工具，因此軍事審判的程序往往較刑事訴訟簡單、迅速。軍事長官在整個程序中享有龐大的權限，諸如有權決定軍事審判庭的組成、享有最終的判決核定權等。以上特徵導向了「軍事審判屬於軍事長官統帥權範圍」的說法。

然而，司法重要的原則之一便是法官必須依法獨立審判，不受外力干擾。在法院審判體系，案件分配給哪些法官承審，應事先明確規定，避免案件分配受到操控，由特定法官承審，藉此干預審判。就這個角度而言，軍事審判庭的判決須先送請軍事長官核定，才能對外宣示並生效，此舉造成案件的終局決定權限從審判者轉移至軍事長官手中，更大開軍事長官介入審判的方便之門。由此，軍事審判究竟是不是一種公正的司法審判？同時，為了維護軍事長官的統帥權，軍事審判降低了兼顧公平審判的可能性，被告受到保障的程度不如刑事訴訟。

Q：為什麼在戒嚴時期，觸犯《懲治叛亂條例》和《戡亂時期檢肅匪諜條例》的一般人民會受軍事審判？

A：為了防止人民遭受這種可能因為軍事長官濫權導致不公平審判的侵害，《憲法》第九條規定保障了非現役軍人的一般人民，享有不受軍事審判的自由。但這份保障卻因為戒嚴而喪失。依照《戒嚴法》第七條的規定，戒嚴時期接戰地域的軍事機關可以接管原屬普通法院管轄的司法事務。《戒嚴法》第八條則規定，刑法上的十種犯罪，以及其他特別刑法之罪，由軍事機關自行審判或交法院審判，使得非現役軍人的一般人民也有可能受軍事審判。

《戒嚴法》第八條賦予軍事機關針對特定的刑事案件可決定自行軍事審判或是交法院審判的權限，因此戒嚴初期，甚至連違反《森林法》的案件也有送交軍事審判的紀錄。後來臺灣省參議會建議「除軍人所犯案件、匪諜及盜匪案件外，一般案件交由法院辦理」。國防部亦有意以「臺灣『地方情形特殊』」為由，調整軍事審判範圍。這或許可以解讀為國防部認為「臺灣並沒有濃厚接戰地域氛圍」。於是行政院於一九五一年公布《臺灣省戒嚴時期軍法及司法機關受理案件劃分暫行辦法》，隔年又公布《臺灣省戒嚴時期軍法機關自行審判及交法院審判案件劃分辦法》，後續並歷經數次修正。

根據《劃分辦法》，觸犯《懲治叛亂條例》和《戡亂時期檢肅匪諜條例》的被告，一律由軍事機關審判。由於政治犯經常被指控觸犯這兩部法律，再加上軍事長官可以順理成章地掌控軍事審判程序，軍事審判便從「軍事長官統率部屬之工具」，搖身一變成為國民黨政府用以威嚇、鎮壓異議分子的理想工具，長年來製造了無數的囚徒，甚至槍下亡魂。

Q：軍事機關和普通法院審判的範圍看似有了劃分的原則，但兩個體系是否從此井水不犯河水？

A：根據檔案，我們可以看到許多個案因為「與治安有重大關係」而遭軍事審判，這是可以預期的結果，畢竟軍事審判非常「好用」。但是普通法院是否有「撈過界」的現象？參考司法院釋憲檔案，我們看到普通法院體系的檢察官也曾為了追訴「內亂罪」的被告，而與保安司令部的軍事檢察官展開意見交鋒，最終甚至聲請大法官會議解釋，希望對於「該被告等之犯罪行為，究竟有無繼續狀態，應歸何方審判」做出決定。大法官最終做出了釋字第八十號解釋，認為有權追訴、審判「叛亂案件」的機關為軍事機關，普通法院不應再插手（注1）。

Q：軍事審判的執法依據是什麼？

A：在一九五六年《軍事審判法》公布施行以前，軍中主要的法律依據是一九三〇年《陸海空軍審判法》，以及一九四一年《戰時陸海空軍審判簡易規程》。舊制下的軍事審判，在程序上雖然如同刑事訴訟有區分偵查階段及審判階段，但是追訴者及審判者並沒有如同刑事訴訟一般徹底分離。由於偵查者的任務是蒐集各項證據，決定是否起訴被告，如果起訴了，代表他判斷被告有罪；同一人若亦擔任審判者，等於是由對案情已有定見的人決定被告是否有罪，難以保證審判的公平。例如，在一九四九年的「澎湖山東流亡學生案」（或稱「七一三事件」）中，保安司令部先指派舒紹鴻、王傳鑫前往馬公偵查，後來又指派舒紹鴻為審判長，王傳鑫為審判官，明顯是追訴者與審判者同一。

審判程序結束後，判決必須先經軍事長官核定，才能對外宣示，而長官此時可能會下令退回修改，因此審判庭所做的，實際上只能說是判決的草稿而已。此外，當時的軍事審判只有一個審級，被告沒有上訴機會，判決宣示以後即告確定，等待執行。面對如此不利於己的程序，被告沒有相對應的保障，無從獲得辯護人的協助。

一九五一年《軍事機關審判刑事案件補充辦法》公布施行後，軍事審判的程序稍微接近刑事訴訟，但仍相當不足。該辦法要求軍事檢察官偵查完畢後須製作起訴書，審判時亦須到庭，追訴者及審判者明確分離。而刑度高於一定程度的案件，必須為被告指定公設辯護人。形式上是保障被告，但被告還是不能自行選任辯護人，公設辯護人的人選由審判長指定，且國防部掌握公設辯護人之派用、轉調、升降，辯護人其實也不能發揮多少作用。以高一生等人的案件為例，被告於一九五三年被起訴，由專責的軍事檢察官提出起訴書，審判長也為所有被告指定一位公設辯護人。（參考第二部第八章〈兩個世代的原住民族案件〉）

一九五六年公布施行的《軍事審判法》則有較大的改進。軍事審判改為兩個審級，被告有一次聲請「覆判」的救濟機會。若被告的軍階為將官，或是初審宣判死刑或無期徒刑的案件，無論被告有無聲請，初審軍事審判機關都必須依職權送請覆判，覆判程序通常是不開庭的書面審理。另外的大變革是被告可以在起訴後自由地選任辯護人，例如美麗島事件被以叛亂罪起訴的八人，每一人都各自選任了兩名辯護人。簡要地說，儘管隨著時間的經過，軍事審判程序確實有越來越接近刑事訴訟的趨勢。但象徵統帥權的規定，如軍事法庭組成與判決的核定權限，則持續保留，並未變動。

Q：政治犯為何在解嚴後無法上訴？

A：戒嚴時期的判決在解嚴之後獲得《國家安全法》維繫，隨後更有司法院大法官解釋加以鞏固。原本《戒嚴法》第十條規定，依同法第八條所作成的判決，均得於解嚴翌日起依法上訴。然而作為解嚴的交換條件，趕在解嚴前夕通過的《國安法》中第九條第二款規定：「戒嚴時期戒嚴地域內，經軍事審判機關審判之非現役軍人刑事案件已確定者，不得向該管法院上訴或抗告。但有再審或非常上訴之原因者，得依法聲請再審或非常上訴。」這顯然與《戒嚴法》第十條的規定完全相反，不允許戒嚴時期由軍事機關審判之案件，於解嚴之翌日起依法上訴，因此引發極大爭議。

部分政治犯向普通法院提起上訴，一路打到最高法院都遭到駁回，最終有多位政治犯聲請大法官解釋，而大法官在一九九一年做出了釋字第二七二號解釋，指出《國安法》第九條第二款並不違憲。大法官首先確認非現役軍人的一般人民依《憲法》第九條有不受軍事審判的自由，但《戒嚴法》允許戒嚴期間一般人得由軍事機關審判，並於解嚴後得依法上訴，符合憲法的要求。接下來，大法官話鋒一轉，表示《國安法》的規定，是基於戒嚴長達三十餘年的特殊情況，為了維持裁判安定性及社會秩序，既然已經允許依法聲請再審或非常上訴，已能兼顧人民權利，因此並未牴觸憲法。

允許政治犯聲請再審或非常上訴真的能夠「兼顧人民權利」嗎？上訴是「通常救濟程序」，再審和非常上訴則是所謂的「非常救濟程序」，並非任何情況都可以提起。再審必須有《刑事訴訟法》列舉的六種事由，且相當嚴格，不是必須先經過其他訴訟確認，就是必須提出審判當時所沒有考慮過的新事證；非常上訴是為了糾正原裁判適用法令錯誤，並且只能透過檢察總長提出，換言之，必須先說服整個檢察體系。以提起再審或非常上訴的前提之難，只需要單純不服原判決即可提起的上訴，根本無可比擬，僅憑允許再審或非常上訴所能提供的救濟機會，沒辦法完全取代上訴。

維持法秩序安定性確實很重要，否則人民難以預測其行為會在法律上導致何種後果而手足無措，無法安排自己的生活。因此法安定性的終極目的正是為了保障人民的基本權利。如果以法安定性為理由，繼續維持戒嚴期間的軍事審判判決，究竟是保障了什麼人的權利？放任過度侵害人民權利的判決繼續存在，恐怕只是適得其反，使法安定性成為「不法的安定性」。

大法官沒有明講，但是最實際的理由，或許是擔心萬一開放政治犯上訴，法院將被案件淹沒而無法負荷。關於這一點，法務部一九八八年十一月在立法院答覆政治犯請願修正國安法第九條第二款時，已經說得非常明白：臺灣、澎湖三十八年的戒嚴期間，非現役軍人受軍事審判的案件，根據統計共有二萬九千四百零七件之多，「案件數量過於龐大，以法院員額恐無法受理」。

政策考量是行政機關與立法者的職責，但是司法違憲審查的目的是檢驗行政機關與立法者的考量是否不符合憲法的價值。如果因為戒嚴期間很長，軍事審判案件很多，可以是《國安法》禁止上訴規定合憲的理由，是不是等於變相鼓勵國家長期維持緊急狀態，大量使用軍事審判呢？總而言之，釋字第二七二號解釋關上了政治犯尋求救濟的大門，也阻礙了實踐轉型正義的契機。

雖然審議過程中，有大法官表達保留意見，但最後通過的釋字第二七二號解釋仍然肯認了國安法第九條第二款的合憲性。然而，修正《國安法》的運動並未因此停止，當中最為積極者當屬本身即曾是政治犯的立委謝聰敏。最接近成功的一次，是搭上了一九九五年國民黨政府打算在國安法新增所謂的「間諜條款」（第二條之一及第五條之一）的順風車。國民黨團為了護送草案過關，並沒有強硬反對謝聰敏的提案，在二讀時還曾達成朝野協商結論，修改為開放上訴或抗告，具體辦法由司法院會同其他相關機關在兩年內訂定。結果國民黨團後來卻推翻了協商結論，再度回到沒有共識的狀態，最後在該屆立委任期尾聲直接進入表決戰，在人數劣勢的情況下，謝聰敏的努力最終仍以失敗收場。

後來謝聰敏與政治犯團體改以仿照二二八事件受難者爭取金錢補償的模式，成功在一九九八年通過了《戒嚴時期不當叛亂暨匪諜審判案件補償條例》，並沒有直接挑戰國安法的禁止上訴規定。二〇一七年通過的《促進轉型正義條例》則用了比較技巧性的方式處理這個問題。該條例第六條首先規定「威權統治時期，違反自由民主憲政秩序、侵害公平審判原則所追訴或審判之刑事案件，應予重新調查，不適用國家安全法第九條規定」，正式透過立法的方式將國安法第九條停止適用。

至於如何進行平反，則是透過立法撤銷判決的方式。如果政治犯在過去已經領過補償或賠償，其有罪判決隨著法律施行「視為撤銷」。至於尚未領過補償或賠償的案件，當事人可以向促進轉型正義委員會聲請重新調查，成功獲該會認定「司法不法」的話，其有罪判決亦可「視為撤銷」。前面提過的杜孝生案就是透過這個程序，經促轉會認定為司法不法，比照已經領過補償或賠償的案件，發生立法撤銷的效力。若聲請重新調查，但促轉會不認為有司法不法，則可向高等法院設置的專庭提起上訴。雖然終於有了上訴的機會，但同時也透過「未領過補償或賠償」、「促轉會駁回」這兩層事先篩選機制，盡可能減少了上訴的案件量，可見法院的負荷還是相當重要的考量之一。

總結而言，白色恐怖案件的軍事審判在臺灣並未透過司法的方式來解決其認事用法的不當或違法，而是透過政治的方式來解決。這一方面固然是考量到訴訟經濟，但更重要的是司法本身還沒有準備好去面對臺灣過去透過軍事審判遂行的人權侵害紀錄。

參考資料

- 薛岳順、曾品滄、許瑞浩，《戰後臺灣民主運動史料彙編（一）：從戒嚴到解嚴》，國史館，二〇〇〇。
- 蘇瑞鏘，《白色恐怖在臺灣：戰後臺灣政治案件之處置》，稻鄉，二〇一四。
- 吳俊瑩，〈戒嚴體制下的臺灣（1949-1960s）〉，《戰後初期的臺灣（1945-1960s）》，國史館，二〇一五。
- 黃丞儀，〈戒嚴時期法律體制的未解難題與責任追究〉，《記憶與遺忘的鬥爭：臺灣轉型正義階段報告 卷三 面對未竟之業》，衛城，二〇一五。
- 王泰升，《臺灣法律史概論》（六版），元照，二〇二〇。
- 蘇彥圖，〈在叛亂追訴上，普通法院檢察官別來亂－釋字第八十號解釋檔案〉，《奉命釋法：大法官與轉型正義》，促進轉型正義委員會，二〇二一。

注釋

1 相關細節請參考《奉命釋法：大法官與轉型正義》之〈在叛亂追訴上，普通法院檢察官別來亂—釋字第八十號解釋檔案〉一文。

第四章 軍事審判下的人權侵害

文／高毅

◎政治犯從偵查階段到判決核定階段，可能面臨哪些人權侵害？

◎本章所提及的人權侵害情形，是否仍然影響著現在的人們看待司法的方式？

本章將依序簡述軍事審判程序的各個階段，政治犯可能面臨什麼樣的人權侵害，同時補充軍事審判程序以外的人權侵害事例。

拘提

刑事案件偵查至一定程度後，便會執行所謂的「將被告逮捕到案」。這種將被告帶到一定處所的強制處分，在刑事訴訟法上稱做拘提，依法當場必須出示拘票。由於拘提會剝奪被告的人身自由，且受拘提的人將被國家完全支配，隔絕於社會之外，無法自由行動。尤其，人身自由是其他一切自由的基礎，一旦失去人身自由，其他一切自由也將不復存在。為了保障人民的人身自由不被任意侵犯，法律設下了一定的程序：必須使用拘票，拘票上記載拘提的原因（亦即觸犯了什麼罪名），並且執行時向被告出示拘票，才是合法的拘提（注1）。

然而，實際上曾發生執行人員拘提政治犯時未出示拘票的情形。例如朱振山於一九五〇年被捕時，警察沒有攜帶任何令狀，也未說明理由。一九七九年美麗島事件當晚曾參加遊行的許天賢牧師亦稱被拘提時，執行拘提人員沒有出示令狀。此外，亦有使用欺騙手段拘捕政治犯的例子。例如一九四九年謝桂林醫師被捕時，其妻日後回憶，當時是以有小孩燙傷嚴重，請他至診所為藉口，待其離開診所後拘捕。

訊問

政治犯被拘提到案後，即開始接受訊問。依照刑事訴訟法規定，訊問時必須讓被告出於其自由意志回答，不能使用不合法的手段取得口供。最典型的不合法手段就是刑求取供。雖然很少有官方檔案紀錄政治犯曾遭到刑求，但政治犯在回憶錄或訪談紀錄中指控曾遭刑求者屢見不鮮，且直到一九七〇年代仍有刑求情事。亦有加害方自承刑求過政治犯，例如曾任保密局偵防組長的谷正文，曾在口述回憶錄中提及他下令刑求黃天的情形。其他常見的不合法手段例如詐欺，訊問人員為了取得政治犯的自白或交出組織成員名單，欺騙政治犯照做即可獲釋或從輕發落。使用不合法手段強迫被告陳述，不僅踐踏被告的自由意志，侵害其人性尊嚴，況且被告迫於生理與心理壓力下的陳述，未必真實可信，對於釐清案情並無助益。因此，法律明確禁止這類不合法的訊問手段（注2）。

羈押

政治犯被拘提後接著有可能會遭到羈押。依法在偵查階段最長只能羈押被告四個月，但實際上有羈押超過法定期間的事例（注3）。如黃紀男被羈押在調查局留質室長達兩年兩個月；柏楊的《柏楊回憶錄》提及偵查中被羈押超過四個月等等。羈押與拘提同樣屬於剝奪人身自由處分的一種，而且被告此時尚未被確定有罪，法律不允許長時間剝奪其人身自由，否則形同提前懲罰此時在法律上仍屬無罪的被告。

審判

在審判階段時，政治犯常見的遭遇是軍事審判庭採認事實的方式不合法或過於恣意。例如在政治案件中常見以自白為唯一證據。這種方式又可以再分為三種類型：以被告之自白為唯一證據，例如劉明被認定為叛徒供給金錢，僅憑他在偵查中的自白。第二種是以共同被告的自白為唯一證據，例如洪麟兒被認定以非法之方法顛覆政府而著手實行。第三種，以被告的自白及共同被告的自白為證據，例如古文奇被認定以非法之方法顛覆政府而著手實行罪，幸好古文奇因為自首得以獲判免刑，但仍被交付感化。

軍事審判庭認定犯罪事實，必須憑藉證據，而使用被告的自白作為犯罪證據時，法律規定必須配合其他的「補強證據」（注4）。其目的在於避免過度偏重自白的證據價值，革除負責執行追訴的人員使用屈打成招等不正訊問手段強迫被告自白的誘因。從被告的角度而言，就是所謂的「不自證己罪」原則，被告沒有義務協助法院追訴自己，這種不利自己的事情違反人性，往往都是出於刑求逼供的結果。

另一個與自白相關的問題是，政治犯如果在審判階段辯解其自白並非出於自由意志，依法不得作為證據，軍事審判庭通常不會認真查證是否確有不正訊問情事，甚至有時還會指摘政治犯的辯解純屬空言狡辯，不足採信（注5）。例如李武忠曾分別向軍事檢察官及軍事審判庭陳述，自己在調查局接受偵訊時被調查員哄騙，若承認來臺前曾在中國大陸參加叛亂組織，辦個手續馬上即可回家。但關於是否遭到哄騙或刑求，軍事檢察官僅是行文請調查局自行查明是否屬實，而調查局回函否認，軍事審判庭也據此認定李武忠並未遭受不正訊問，照樣採用他的自白作為認定其有罪的證據，使得禁止不正訊問和禁止使用不正訊問取得的陳述作為證據等規定形同虛設。

軍事審判判決中常出現認定事實過於恣意，另一例子就是認定政治犯參加叛亂組織，但究竟參加什麼組織、組織的性質未詳加調查，同樣屬於未依法憑證據認定犯罪事實。例如保安司令部（四一）安潔字第二六四五號判決稱「臺灣民主自治同盟」是「臺灣日據時代左傾之赤色祈願會」改組而成，但事實上日治時期並無名為「赤色祈願會」的組織，且臺灣民主自治同盟的成立經過亦非如此，該判決所認定的事實根本禁不起檢驗。

此外，軍事審判庭經常擴大解釋法律，造成濫行入罪。政治犯最常被起訴的罪名，不外乎《懲治叛亂條例》和《戡亂時期檢肅匪諜條例》的各項規定。又因為《懲治叛亂條例》和《戡亂時期檢肅匪諜條例》將所處罰的對象「叛徒」和「匪諜」，定義成觸犯《刑法》內亂、外患罪之人，因此，政治犯是否有罪，往往是視他的行為是否構成《刑法》的內亂、外患罪而定（注6）。但是，其中最常被判決援引的《刑法》第一百條第一項普通內亂罪，規定得相當空泛，使得軍事審判庭如要入人於罪十分容易。當時的普通內亂罪構成要件是「意圖破壞國體，竊據國土，或以非法之方法變更國憲，顛覆政府，而著手實行」，按照當時的法律解釋，著手實行可以是任何方法，只要被告的行為是出於這四種意圖即可，哪怕是閱讀「匪書」，或以言論抨擊政府施政，不需要動用武力，依照這種解釋，也都算是「著手實行」，理論上就可以依普通內亂罪處罰。

這類擴大解釋法律的例子，甚至連司法院大法官也加入行列。《懲治叛亂條例》第五條參加叛亂組織罪，經過大法官解釋，導致更多原本不應遭到處罰的人落入其網羅。例如李武忠到了一九七一年仍被警總認定一九三六年在江西南昌參加中共「少年先鋒隊」，未曾自首也無其他事證證明已脫離組織，依司法院釋字第六十八號解釋，他的參加行為仍在繼續狀態中，並因此可依一九四九年通過的《懲治叛亂條例》判處有罪。釋字第六十八號解釋認為，曾經參加叛亂組織者，只要未經自首或有其他證據證明其確已脫離組織，就應該認為屬於「繼續參加」的狀態。縱使情治單位指控的行為時間點在懲治叛亂條例公布施行前，只要被情治機關認定曾經參加叛亂組織，未經自首，又不能證明已經脫離組織，依然可以參加叛亂組織罪處罰（注7）。

《刑法》採取「罪刑法定原則」及「從輕原則」，指的是只有「行為時」的法律有明文規定處罰的行為，才能加以處罰，否則因為行為人在行為時根本無法預見法律之後會有何變更，結果就是人民將因此遭受不測侵害，而無從安穩地生活；如果法律後來發生變更，應該比較行為時的法律和行為後的法律，並適用對行為人最有利的法律（注8）。釋字第六十八號解釋卻架空了這兩項原則，藉由將未自首或無反證的「參加叛亂組織」解釋為繼續而不間斷，表示行為尚未終結，也就沒有劃分「行為時」和「行為後」的斷點，而可以適用制定在後且對行為人更不利的《懲治叛亂條例》處罰。釋字第一二九號解釋更進一步表示，雖然參加叛亂組織時未滿十四歲，若滿十四歲後未經自首也不能證明已經脫離組織，同樣可以處罰。但是刑法根本不處罰未滿十四歲之人的行為，釋字第一二九號解釋同樣也利用消滅劃分「行為時」和「行為後」的斷點的方法，破壞了這項基本原則（注9）。

判決核定

最後是判決核定階段。政治犯的判決核定過程，通常是先到國防部（國防部長及參謀總長名義），再到總統府（秘書長及參軍長名義），最後到達總統（注10）。在整個過程中，從國防部長、參謀總長，上至總統，都有機會表示意見，使得政治犯刑度被提高。有的時候是單純要求發回。例如郭振純等人的叛亂案，高執德、翁文禮、梁培鍈三人部分，國防部長及參謀總長原擬照軍事審判庭判決核定，但經過總統府秘書長、參軍長及蔣介石本人後，被要求發回復審。復審後三人均從有期徒刑被改判死刑。

有的時候則會直接修改政治犯的刑度。例如高一生、林瑞昌等人的案件，最初只有湯守仁、高一生貪污罪部分被軍事審判庭判處死刑，參謀總長建議高一生叛亂罪部分、林瑞昌、高澤照、汪清山改判死刑，武義德從有期徒刑十年改判為十五年，杜孝生從有期徒刑十五年改判為十七年，到了總統府參軍長手上，方義仲被改判死刑，武義德再改判無期徒刑，廖麗川從有期徒刑七年改判為十年，最後蔣介石批示「如擬」，就此拍板定案。

也有案例是下級並無意見，卻因蔣介石有意見而改判者。例如黃溫恭，因他曾到國民黨屏東縣黨部自首，軍事審判庭判處有期徒刑十五年，參謀總長及參軍長都沒有意見，但最後在蔣介石批示下被改判死刑。軍事長官統帥權之強大、掌控軍事審判程度之深，莫此為甚。

軍事審判程序外的人權侵害

除了上述軍事審判程序各階段的人權侵害以外，另有與軍事審判程序相關，但並非發生於軍事審判程序任何一個階段的人權侵害案例，或可稱為「軍事審判程序外的人權侵害」。例如雷震案，在宣判時間稍早之前，總統府內舉行了一場會議，由蔣介石親自主持，以及共十四位來自各機關公職及國民黨職要員出席，討論雷震案判決應該採取哪一個方案。蔣介石在會議上要求「題目（指判決主文）要平淡，須注意及一般人之心理」、「雷之刑期不得少於十年」、「《自由中國》半月刊一定要能撤銷其登記」、「覆判不能變更初審判決」等。在獲得國防部軍法覆判局長汪道淵親口保證後，蔣介石選擇了以「知匪不報」及「以文字為有利於叛徒之宣傳」，判處雷震有期徒刑十年的方案。果然，警總軍法處高等審判庭宣判雷震觸犯「知匪不報」及「連續以文字為有利於叛徒之宣傳」兩罪，處有期徒刑十年。雷震聲請覆判，也遭到國防部高等覆判庭駁回。原本理應在覆判程序才應該現身的總統蔣介石，竟在初審宣判以前，就表示意見，因此有學者認為，這不僅是實際上「未審先判」，而且儼然是過去由皇帝率領群臣審決重案的作法。

另外一種軍事審判程序外的人權侵害是拘捕時擊斃。例如一九五〇年情治人員突襲省工委臺中武裝工作委員會在白毛山及竹仔坑的武裝基地時，「當場擊斃四人」。一九五二年、一九五三年之交，軍警部隊至鹿窟地區搜捕時，擊斃劉學坤等等。另據谷正文口述，有「澎湖山東流亡學生案」（或稱「七一三事件」）的涉案者，被裝入麻布袋投入海中。

參考資料

- 蘇瑞鏘，《白色恐怖在臺灣：戰後臺灣政治案件之處置》，稻鄉，二〇一四。
- 黃丞儀，〈戒嚴時期法律體制的未解難題與責任追究〉，《記憶與遺忘的鬥爭：臺灣轉型正義階段報告 卷三 面對未竟之業》，衛城，二〇一五。
- 王泰升，《臺灣法律史概論》（六版），元照，二〇二〇。

注釋

1 一九五六年《軍事審判法》施行前，依《戰時陸海空軍審判簡易規程》的規定，《刑事訴訟法》的規定如不牴觸《陸海空軍審判法》及《戰時陸海空軍審判簡易規程》，可適用於軍事審判程序，而一九四五年《刑事訴訟法》第七十七條第一項規定：「拘提被告，應用拘票。」第七十九條規定：「執行拘提，應以拘票示被告。」《軍事審判法》第九十九條第一項規定：「拘提被告應用拘票……」第一〇六條第一項規定：「拘提被告，除在執行或在押中脫逃者外，應示以拘票。」

2 依一九四五年《刑事訴訟法》第九十八條規定：「訊問被告，應出以懇切之態度，不得用強暴、脅迫、利誘、詐欺及其他不正之方法。」《軍事審判法》第一〇九條規定：「訊問被告，應出以懇切之態度，不得用強暴、脅迫、利誘、詐欺及其他不正之方法。」

3 依一九四五年《刑事訴訟法》第一〇八條規定：「羈押被告，偵查中不得逾二月，審判中不得逾三月。但有繼續羈押之必要者，得於期間未滿前，由法院裁定延長之……。（第一項）延長羈押期間，每次不得逾二月，偵查中以一次為限……。（第二項）」依《軍事審判法》第一一五條規定，前述刑事訴訟法規定亦準用於軍事審判程序。

4 一九四五年《刑事訴訟法》第二六八條規定及《軍事審判法》第一六六條規定：「犯

罪事實，應依證據認定之。」一九四五年《刑事訴訟法》第二七〇條第二項規定及《軍事審判法》第一六八條規定：「被告雖經自白，仍應調查其他必要之證據，以察其是否與事實相符。」

5 依一九四五年《刑事訴訟法》二七〇條第一項規定：「被告之自白非出於強暴、脅迫、利誘、詐欺或其他不正之方法且與事實相符者，得為證據。」依《軍事審判法》第一八六條規定，前述刑事訴訟法規定亦準用於軍事審判程序。

6 《懲治叛亂條例》第一條第二項及第二條分別規定：「本條例稱叛徒者，指犯第二條各項罪行之人而言。」、「犯刑法第一百條第一項、第一百零一條第一項、第一百零三條第一項、第一百零四條第一項之罪者，處死刑。刑法第一百零三條第一項、第一百零四條第一項之未遂犯罰之。預備或陰謀犯第一項之罪者，處十年以上有期徒刑。」《戡亂時期檢肅匪諜條例》第二條規定：「本條例稱匪諜者，指懲治叛亂條例所稱之叛徒，或與叛徒通謀勾結之人。」一九九二年修正前《刑法》第一〇〇條第一項及第一〇一條第一項分別為內亂罪章「普通內亂罪」及「暴動內亂罪」，第一〇三條第一項及第一〇四條第一項分別為外患罪章「通謀開戰罪」及「通謀喪失領土罪」。

7 司法院釋字第六十八號解釋解釋文：「凡曾參加叛亂組織者，在未經自首或有其他事實證明其確已脫離組織以前，自應認為係繼續參加。如其於民國三十八年六月二十一日《懲治叛亂條例》施行後仍在繼續狀態中，則因法律之變更並不在行為之後，自無刑法第二條之適用。至罪犯赦免減刑令原以民國三十五年十二月三十一日以前之犯罪為限，如在以後仍在繼續犯罪中即不能援用。」相關細節請參考《奉命釋法：大法官與轉型正義》之〈若無自首，就算繼續參加——釋字第六十八號解釋檔案〉一文。

8 一九三四年《刑法》第一條及第二條第一項分別規定：「行為之處罰，以行為時之法律有明文規定者，為限。」、「行為後法律有變更者，適用裁判時之法律。但裁判前之法律有利於行為人者，適用最有利於行為人之法律。」第一條即罪刑法定原則，第二條第一項但書即從輕原則。此外，當時第二條第一項本文即所謂「從新原則」，因為有違背罪刑法定原則的疑慮，第二條第一項已經在二〇〇五年修正為「行為後法律有變更者，適用行為時之法律。但行為後之法律有利於行為人者，適用最有利於行為人之法律。」改採「從舊從輕原則」。

9 一九三四年《刑法》第十八條第一項規定：「未滿十四歲人之行為，不罰。」司法院釋字第一二九號解釋解釋文：「未滿十四歲人參加叛亂組織，於滿十四歲時，尚未經自首，亦無其他事實證明其確已脫離者，自應負刑事責任。本院釋字第六十八號解釋並應有其適用。」

10 在一九五六年以前，依《陸海空軍審判法》第三十六條至第三十八條規定，須視刑度和被告軍階的不同，分別交由不同層級的長官核定，最嚴重者須呈請國民政府核定，因為一九四七年底《憲法》施行後，已無「國民政府」，一九四九年時國防部已經改為呈請「總統」核定。在一九五六年以後，依《軍事審判法》第一三三條規定：「判決由該管軍事審判機關長官核定後，宣示或送達之。（第一項）最高軍事審判機關高等覆判庭之判決，呈請總統核定後，宣示或送達之。（第二項）」

第五章

刑罰執行空間的演變

文／張維修

◎威權統治時期軍事審判的流程中，關於偵訊、審判以及刑罰執行的空間涉及的地點有哪些？

◎這些地點有什麼特殊之處？

在前面章節介紹軍事審判程序以及相關人權侵害的內容中，政治犯面臨的軍事審判程序區分為偵查、逮捕階段，以及後續的審判階段和執行階段。在偵查階段，涉及拘提、訊問和羈押過程，有許多情治機關、軍司法和憲警等單位參與其中。因此，與白色恐怖有關的地點數量龐大，遍及各縣市和離島地區。在軍事審判階段則移交到各軍種轄下軍法處以及臺灣省保安司令部（以及一九五八年後的臺灣警備總司令部）軍法處進行審判。在執行刑罰階段，則依照不同的刑罰種類，而有相對應的矯正機構執行。以下分別就這三個流程展開介紹。（金門、馬祖地區的戒嚴體制有其特殊的戰地脈絡，因此，威權統治時期金馬地區的刑罰執行空間系統相對獨立發展。）

偵查階段

在一九五〇年代初期，偵查階段涉及三個最核心的單位：臺灣省保安司令部、國防部保密局、內政部調查局。這幾個單位是羅織嚴密保防工作網的主要機構，另外還有參與偵查政治案件的其他單位，包括國防部總政治部、憲兵司令部調查組、外交部情報司、臺灣省警務處，以及各縣市警察局等。

一九五一年，蔣介石指示「臺灣工作以保密防諜為主，由保安司令部負責，並對各機關在臺工作切實指揮監督」。一九五四年國家安全局成立，取代保安司令部成為情治機關最上層的領導組織。翌年保密局改組為國防部情報局，負責對外情報工作，對內的保防工作交由一九五六年改隸司法行政部的調查局負責。保安司令部則在一九五八年合併臺灣防衛總司令部、臺北衛戍總司令部及臺灣省民防司令部後，改稱為臺灣警備總司令部。

保安司令部於一九四九年九月成立（正值大量軍民撤退來臺），主要執行戒嚴業務，以肅奸防諜為中心工作，基本工作方針為「對外檢查管制，對內整肅清查」。該部的工作範圍極廣，包含治安、警備、管制（包括山地管制、電信監察、郵電管制、出入境管制、港口機場管制等）、經濟檢查和肅防。在政治犯處置流程中，保安司令部同時肩負偵查逮捕、審判、感化與執行，對比今天的司法程序審檢分立制度，很難讓人信服在同一個機關內如何可以達成審判的公正獨立。

保安司令部內有全臺各地二十四處諜報組、十二個山地指揮所，還有三個游動查緝組、聯檢、特檢單位、要塞總隊等，遍佈臺灣各縣市和離島，當政治犯被逮捕之後，就會送到保安司令部保安大隊看守所進行偵訊。最初的看守所是接收日本時代淨土真宗大谷派臺北別院的建築物，即一般人認知的東本願寺。東本願寺建築外型主要特徵為大型洋蔥式圓頂，形式受到波斯建築和印度伊斯蘭教的影響，屋頂、屋身和臺座三段式構成。政治犯在偵訊期間被關押的地方就是在寺院內部改建而成的看守所之中。根據相關的口述歷史資料，看守所總共有四層，地下室（臺座）押房較大，二層是獨居單人房，三層可能是關押女性人犯。押房內沒有衛生設備，所以要將裝著大小便的桶子放在門口，每天外出傾倒。屋頂的電燈泡恆亮二十四小時，內部環境極為惡劣。四間偵訊室位於寺院建築物外北側的平房，那是殘酷刑求的地方，政治受難者盧兆麟回憶說，「一到保安處就開始刑求，讓我做老虎凳、灌水、電刑，並採取疲勞轟炸審問，不得睡覺，也不給水喝，簡直生不如死。」

偵訊的空間最重要的設計安排就是「隔離」，斷絕與外界的溝通接見，切開同案同夥之間的聯繫，以取得筆錄和自白書。經常可以在政治犯的口述與回憶中發現，在偵訊階段，政治犯就是一個孤立的個體，必須與整個國家機構體制的力量進行對抗。所以，看守所的作用就是讓人無法和律師家人、同夥之間接觸，戒嚴時期的偵訊室則是透過光線、食物、睡眠的控制，擾亂時間感，加上五花八門的刑求技巧，在生理上挑戰肉體能夠承受的極限。在密閉的環境中，無法探知白天黑夜的變化，時間的流逝可能是一天或數天為單位，讓人容易陷入混亂的狀態。

同時，偵訊過程中，廣泛的運用心理戰術利用各種話術，「同案 XXX 已經全盤供出了」、「你的老婆已經離開臺灣到國外自保」、「坦白從寬，還有自新機會，可以盡快返家」等等，在密閉的環境之中，考驗的是人與人之間的信任關係，在各種運用的挑撥底下，可能會懷疑同志的出賣與背叛，可能要考量家人的關係與未來，也要為自己的未來做各種利害關係的盤算，哪些可以交代？哪些要保留？會不會害到其他朋友，還是應該出賣別人來交換自己的自由？在這樣的狀態底下，偵訊室往往是人性的煉獄，心理和肉身的折磨。

東本願寺是保安司令部下轄的偵訊空間中最為人所知的，除此之外還有其他幾處，如六張犁看守所（臺北市臥龍街）、博愛路看守所（臺北市博愛路）等地。東本願寺和六張犁看守所均為接收日軍營區建築改建而成，博愛路的看守所則是原東本願寺的土地，一九六七年拍賣標售給私人財團開發後，警備總司令部自行設計興建的看守所，一九六八年啟用。謝聰敏、劉辰旦、林義雄、李敖等人都曾經在這一棟大樓的一樓或地下室被刑求偵訊，這裡也是陳文成於一九八二年七月二日上午到晚上，一整天接受警總人員訊問的地點，當天晚間九點半負責訊問的警總人員證稱陳文成離開後，回到臺大附近的住處，又前往探訪友人至凌晨離去，隔天上午被人發現陳屍在臺大校園內研究生圖書館旁。

調查局在威權時期處理政治犯的偵訊空間共有三處，一個地點在大龍峒保安宮附近，隨後因酒泉街拓寬而搬遷到三張犁，今吳興街一帶。而後又因周邊都市發展快速，民居越來越密集，隱密性降低，在一九七四年完工興建位於新店安坑地區雙城路一處高地上的安康接待室。根據調查局的資料，曾經在安康接待室接受訊問的被告共有一百四十八人，除了政治犯，亦有一般的經濟犯或刑事犯在此接受訊問，曾經被關押在此處的政治犯有黃信介、陳菊、陳忠信、姚嘉文、蔡有全、辛俊明等。

安康接待室的空間由四棟建築物和兩座崗哨組成，因地處丘陵頂端，周圍雜木林茂密，又有溪流圍繞，整體環境易守難攻，外界很難從邊界上一窺究竟，加上距離人口密集的市區遙遠，其區位已經產生與外界隔絕的效果。主要的偵訊空間稱之為工作區，是一棟口字型一層樓平頂水泥構造建築，內有十數間偵訊室，外觀可以發現偵訊室的窗戶都是高窗，窗戶與窗戶之間還有一片鰭式隔板分開，可以更有效地隔絕偵訊室受到外界的聲光干擾。偵訊室的內部牆壁和天花板都有吸音板的裝置，地上鋪滿地毯，可以把內部的發出聲音降到最低，天花板內部並藏有錄音設備。這十幾間偵訊室的錄音線路都集中到內部的辦公房間區，這是調查局的偵訊人員工作的區塊。最特別的是，其中一間偵訊室的門打開，竟是通往另外一棟建築物休養區的地下通道入口，休養區是被偵訊者訊問結束後休息或睡覺的房間，因為這個通道設計，很多曾經被關押在此訊問的人，都以為當年自己是住在地下室的空間裡，多年後回到現場才發現，原來工作區與休養區是兩棟不同的一層樓建築物，兩者之間有高低落差，是透地下通道相連接。這個設計又造成了第二層的隔離，錯亂的空間感讓人誤以為是住在地下室，空間禁錮的壓迫又增加許多。

空間作為一種權力運作的機制，在偵訊空間的設計與配置中，就是要能夠達到與社會外界的多重隔絕、將個人的心理狀態孤立起來，加上慘無人道的刑求，直到情治機關取得人犯的自白書和筆錄。

審判階段

經由偵訊審問，完成了筆錄或自白書之後，除了無罪者會被釋放，其他人被起訴之後就會送到審判的地點。在威權統治時期，現役軍人由該軍種軍法處負責審理，如位於今日臺北市仁愛路的空軍總部軍法處看守所和軍事法庭、建國北路的空軍軍法處看守所，以及位於臺北市涼州街的憲兵司令部軍法處看守所等。執行平民政治犯的軍事審判，則是由警備總司令部軍法處負責。

警備總司令部軍法處原來設置在臺北市青島東路三號，還有看守所和代執行徒刑的押房與勞動工廠，整個街廓範圍很大，同時還有國防部軍法局、國防部軍法覆判局等單位共同使用這一整個街廓的空間。這裡是接收日軍的陸軍倉庫改建而成的軍法單位共用營區，區內多棟建築物都是日式磚石造木構架屋頂，有兩層樓高。

根據一九五〇年的檔案資料，在等待審判的日子裡，政治犯們被集中多間押房裡面，共關押一千零三十三人，每一間押房大約四坪大小，每一間塞了三十人以上，平均每個人可以分到的空間不到四十公分，根本不可能平躺。審判階段的隔絕狀態與偵訊階段有所差異，不僅可以對外接見、家人可以送物探視與信件往返，可留有一些個人物品，與外界社會有低度互動。而且因為偵訊階段的筆錄自白都已經完成，同案的政治犯就有機會被關在同一間押房，難友們可以相見。不過，無形的監控與壓力尚未解除，與家人的會面是在被監控底下進行，能夠交流的程度有限。在押房內也是如此，對於尚未明確審判判決的結果之前，人與人之間的互動，還是無法有信任關係，偵訊期間同案難友們是否出賣自己，或者自己出賣了別人，要如何面對？或擔心房間內有情治系統安排的眼線或者被收編的抓耙仔，隨意訴說自己的案情吐苦水，都很有可能會影響到判決的結果。

從目前已經開放的檔案中可以看到，政治犯的審判並不是在軍法處由軍法官一次裁判完成，還有國防部、參謀總長、總統府參軍長和總統蔣介石的層層決策參與，才會得到最後的終審裁判。這段期間短則數月，長則年餘，有些人的初判是有期徒刑、無期徒刑，卻在蔣介石大筆一揮底下，變成了死刑。在軍法處看守所內等待終審判決的人，隨時都有可能成為《懲治叛亂條例》二條一底下的冤魂。終審完成之後，則依刑期的種類不同，各自歸向不同的場域，可能是感訓所、軍人監獄、離島集中營或刑場。許多政治犯的記憶中，審判空間最深刻的畫面是每天清晨三、四點的時候，被唱名的人就是當天要前往刑場執行槍決的人，用不同的方式面對死亡，例如基隆中學事件的校長鍾浩東是唱著〈幌馬車之歌〉慷慨赴死，也有人癱軟在地無法站立，更多共同的記憶是眾難友們唱著〈安息歌〉為點名後五花大綁押往刑場槍決的難友送行。

警備總部軍法處在一九六八年從臺北市市區遷往景美軍法學校校址，這裡的空間規劃主要是複製青島東路時期的配置，連同水池、勞作工廠也是，除了羈押等待判決的被告之外，也常常兼代執行徒刑。一九八〇年首度對媒體公開的軍事審判美麗島大審，就是在景美時期的警備總部軍法處第一法庭進行。隨後歷經各次機關異動，二〇〇二年，行政院文化建設委員會規劃全區保存，並登錄為歷史建築，現在是文化部轄下的國家人權博物館白色恐怖景美紀念園區。

執行階段

判決後，執行刑罰的地點依照刑罰的種類，可區分為感化教育、徒刑、死刑以及埋葬地這三大類。執行空間的核心邏輯依然是隔絕，因此槍決、關押的地點還是在偏遠郊區為主。死刑槍決現場多在新店溪沿岸一帶，關押則以離島為主，離島具備天然海洋屏障，向來都是設置監獄的優先選擇。綠島在日本時代就有關押浮浪者的設施，中華民國政府時期接收用來關押政治犯，蘭嶼則是流氓為主的職訓隊所在地，小琉球上的職訓隊則是兼收流氓和政治犯兩種類型。但從管理上來看，執行感化教育和徒刑的空間相較偵查和審判階段寬鬆許多。

感化

臺灣省生產教育實驗所（以下簡稱生教所）籌建於一九五一年，目標是改正曾受「共黨蠱惑而誤入歧途的國民，施以感化教育，使其迷途知返，獻身國家」。一九五四年正式成立時，在行政體制上隸屬於臺灣省政府，當時的省政府主席兼任保安司令部司令，生教所主任由保安司令部副司令兼任。一九五八年負責戒嚴的軍情單位進行整併，保安司令部與其他單位合併，成立臺灣警備總司令部，此時，臺灣警備總司令部隸屬於國防部，但由臺灣省主席指揮監督。一九七二年臺灣省生教所改隸臺灣警備總部，一九七七年更名為臺灣警備總司令部仁愛教育實驗所，直到一九八七年解嚴方才裁撤。生教所位於土城清水坑，關押的政治犯以女性和罪行輕微者為主，在內部的日常活動就是進行黨國思想教育，雖然以高大圍牆隔離外面的社會，但是內部設施有如學校。日常作息是上課和勞動服務，家屬可在假日申請會面，在庭院一定的範圍內相聚。感化教育的內容是由政戰教官開設的課程，進行思想灌輸，再交付各式各樣的心得報告和小組討論，考核的方式是從旁觀察以及獄友們之間互相監視來判斷，一旦政治思想考核未過，有可能會不斷地延長出獄時程，變相成為另一種無期徒刑。

徒刑

除了離島，執行徒刑的監獄早期由國防部下轄的臺灣軍人監獄負責，原位於青島東路與軍法處同一街廓內，但因收容人數太多，一九五二年建成新店軍人監獄，遷至新店安坑地區莒光路。新店軍人監獄的牢房為五棟鋼鐵水泥的牢房，名為仁監、義監、禮監、智監和信監，採放射型配置，有中央臺和高塔監控牢房動態。新店軍監典獄長楊又凡在許多政治犯的口述回憶中大都是虐囚事件的主角，如果人犯對於監所環境、伙食略有不滿，向上反應，換來的就是刑求毒打，甚至還被棍子吊起來在全監獄裡遊監示眾。曾經關押政治犯的國防部所屬軍人監獄還有位於臺東的泰源感訓監獄以及綠島感訓監獄。

在高壓和封閉的監獄內，政治犯的日常生活也不完全是被動地由國家全面性的宰制和掌控。政治受難人的口述中，經常有「紅帽子」、「白帽子」的派別之分，「積極派」與「消極派」還有「細胞」、「狗」的區別。這涉及到難友們之間的價值信仰，意識形態，以及行動之間的不同選擇，難友們互相交流相處之後，在管理的縫隙中，有限的行動條件下逐漸形成的派系網絡。例如新店軍人監獄內馬時彥案，綠島新生訓導處的 ABCD 組織再叛亂案、陳華等案，泰源監獄江炳興等案，都可以追索出受難者們在監獄的不同時空限制中出現的各種行動，他們可以在獄中互相學習，不只是被囚禁的囚犯無能為力於國家體制的管理安排，而還是有各種抵抗的暗流匯整其中。

死刑

白色恐怖時期的死刑執行空間，一開始是臺北市萬華堤防外的馬場町。一九五四年遷至安坑刑場。中間還有臺北市師大路底至水源地一帶的河濱地區的水源路刑場，還有對岸的川端橋南端刑場、新店碧潭空軍公墓內的刑場、高雄左營港溪南碼頭外的桃子園刑場。他們共通的區位特徵是遠離人居的偏遠地區，有河流或者海水的邊界地帶。這些刑場並沒有特別的設施，地理上的絕對座標都難以追尋，大多是周邊居民或者尋屍的家屬後代的片段紀錄。馬場町的土丘傳說，在各種不同版本中，有人說是槍決完後為了掩蓋血跡，不斷推土而成。也有一說土丘歷經水淹都沒消失等等，於是土丘也變成二〇〇〇年馬場町紀念公園闢建時，景觀設計的重要元素。碩大的人工土丘在每年秋祭儀式的加持下，取得了象徵的意義。安坑刑場周邊原是新店第三公墓緊鄰的新店下城社區居民，曾說到清晨趴在小山丘背後看槍決的過程，憲兵押人進場開槍執行完畢，小朋友們到現場撿拾子彈彈殼變賣。安坑刑場持續使用至一九八九年左右，是使用期間最長的刑場，一般的刑事死刑犯也會在此執行，但是今天具體位置也被墓葬掩蓋，雜草叢生而難以指認了。

政治犯被槍決後的屍體，當時是交由極樂殯儀館處理，並等待家屬的認領。有些家屬沒有接到通知，或者繳不起領屍費用、畏懼受到牽連而不敢來領屍者很多，在極樂殯儀館三天後無人認領的屍體就會被送到國防醫學院的福馬林池內浸泡三個月，若再無人來認領則被認定是無主屍，並作為醫學生解剖課的大體老師。解剖後的政治犯大體再安置在六張犁的靈骨塔內。一九五二年在國防醫學院內曾經發生過十分驚悚的事件，根據當時國防醫學院藥科三十五期的朱希斌的回憶「經過數月偵審過程，霍振江（河北人）同學竟被判槍決，遺體被送來學校解剖室（當年無人領取者皆送學校供作解剖標本並收取費用），由於巫祈華教授知悉是本校學生而拒收」（注1）此事件之後，國防醫學院校方才開始拒收政治犯作為解剖臺上的大體老師。

政治犯埋葬最集中地方是臺北市的六張犁墓區，綠島的臺灣省保安司令部新生訓導處公墓（俗稱十三中隊）亦埋有在綠島病故、老死或自殺的政治犯和官兵。六張犁墓區從日本時代就作為墓園使用，一九四九年臺北市政府將日治時代的三板橋葬儀堂及其所轄的土地劃歸給極樂殯儀館經營，隨後又撥用日人所有土地給極樂殯儀館安置政治犯，形成今日的六張犁政治受難者墓區，其中一塊目前規劃為「戒嚴時期政治受難者紀念公園」並設置有一座政治犯專用的靈骨塔，另外三處納入文化景觀保存。六張犁墓區從一九四九年起，就有埋葬政治犯的紀錄，但是遲至一九九三年五月，才由曾梅蘭先生揭開這個神祕的面紗，讓世人發現這分散四處的死刑政治犯安置安魂的所在。

參考資料

- 國家人權博物館，《臺灣白色恐怖時期相關史蹟點調查案總結報告書》，國家人權博物館，二〇一五。
- 國家人權博物館，《臺灣白色恐怖時期相關史蹟點第二期調查案結案報告書》，國家人權博物館，二〇二〇。

- 臺灣人權地圖：https://www.google.com/maps/d/u/0/viewer?ie=utf8&hl=zh-tw&msa=0&z=6&mid=1FIAnyt8CwkQYfDBWMOPWUvaqkBI&ll=24.1632679457891832C122. 47838634375
- 陳英泰，《回憶，見證白色恐怖》，唐山，二〇〇五。
- 促進轉型正義委員會，《臺灣威權統治時期不義遺址類型測繪與規劃》成果報告書，促進轉型正義委員會，二〇一八。
- 促進轉型正義委員會，《戰後蘭嶼地區發展：蘭嶼指揮部等機構沿革與影響調查計畫》，促進轉型正義委員會，二〇一九。
- 國家人權博物館，《無論如何總得找條活路才行的：臺灣人權暗黑旅誌》，國家人權博物館，二〇二〇。
- 臺南市政府文化局，《臺南人權歷史場址手冊》，臺南市政府文化局，二〇二〇。
- 國家人權博物館，《臺灣監獄島：白色恐怖時期不義遺址特展》展覽手冊，國家人權博物館，二〇一七。
- Macdonald, Sharon, *Difficult Heritage: Negotiating the Nazi Past in Nuremberg and Beyond*, Routledge, 2018。

注釋

1 朱希斌：http://ndmcpiswhop35zsb.blogspot.com/2008/05/p35.html

第五章附錄

白色恐怖史蹟點的調查及意義

文／張維修

從白色恐怖史蹟點到不義遺址

若利用國立公共資訊圖書館提供的臺灣智慧新聞網查詢「白色恐怖」一詞，可以發現白色恐怖第一次正式出現在臺灣的主流媒體，是為了報導一九八九年六月四日天安門事件，用來描述當年慘絕人寰的大屠殺事件。以白色恐怖來描述一九四九年以來中華民國政府威權統治時期的國家與社會狀態，重現在公共領域視線範圍內，亦是在解除戒嚴之後，透過空間的指認、考掘和紀念行動來揭開這一段不能明說的歷史。

一九九一年的二二八前夕，勞動黨前往馬場町舉辦二二八暨五〇年代白色恐怖犧牲者紀念追思會。這是民間團體首度利用馬場町舉辦活動，公開揭示這個歷史空間曾發生的史實。在四十多年的白色恐怖時期，馬場町作為刑場的時間僅約五年，大約從一九四九年至一九五四年。這短短五年間，被槍決的人數是白色恐怖時期中最多的。

一九九三年五月，苦尋兄長埋葬地多年的曾梅蘭先生，終於在六張犁墓區一角竹林下，發現兄長徐慶蘭之墳，以及其周邊隱身在芒草雜木林下，共兩百餘座、分散四處墓區的墳塚。墓碑上一列列的人名，背後相關的家庭成員，及一個個因案件生離死別的難友，在世人面前，證明了白色恐怖事件是真真實實地發生在二十世紀臺灣。政治受難者陳英泰先生曾提到，六張犁政治受難者墓園的被發現傳遍臺灣與世界各地，為當時倖存者以及臺灣社會帶來極大的震撼。繼馬場町逐漸為人所知後，威權體制的遮羞布在六張犁墓區重見天日後，再度出現破口，無法掩蓋過去的黑暗悲傷，歷史伏流一夕間匯集成平反之江河。

當年的臺北市政府對於這兩處已經浮上檯面的白色恐怖歷史現場，快速地做出政策回應，陳水扁市長分別啟動馬場町與六張犁紀念公園的興建計畫，最後這兩處紀念公園都在馬英九市長任內完工。然而，白色恐怖相關的歷史現場並不只這兩處槍決與埋葬地，當時還有其他更多的審訊、偵訊、監禁空間，面臨拆除或改建的危機而不為人知。一九九八年施明德擔任立委期間，提案保存綠島綠洲山莊，二〇〇一年呂秀蓮擔任副總統期間，倡議保留景美看守所，這兩處面積最大的白色恐怖歷史現場被保留，奠定了日後國家人權博物館下轄白色恐怖景美園區和綠島園區的重要基礎。

陳英泰於二〇〇五年出版的《回憶，見證白色恐怖》以及他的個人部落格，記載許多個人回憶，亦有訪談難友們的紀錄，以及他考證白色恐怖相關歷史現場的田野調查成果。例如陳英泰與陳孟和等受難者一起前往保密局本部（編按：應該是警備總部）、高砂鐵工廠、東本願寺、內湖國小等地訪查紀錄。他說：「歷史是過去的累積，醜惡和光明的都在歷史記憶裡。」(注1)陳英泰的文章重現難友們在偵訊、審判、監禁過程中的見聞，也再現了白色恐怖現場的氣味、光線與感受。

在臺北的馬場町、六張犁、景美看守所，以及綠島的綠洲山莊、新生訓導處，陸續被指認範圍，興建紀念設施，開展再利用之後，「人權」與「地點」被連結的概念也進入國家與社會的視野，個別的機構或團體分別開始建構屬於自己的人權相關地點的調查和資料整理。例如，高雄市政府以清代至今日的高雄市為範圍，匡列了高雄人權奮鬥的歷史遺跡與或紀念公園，並擴及政治人權、勞動人權、環境人權等。雲林縣政府調查了雲林相關的政治人權事件史蹟點如廖文毅、蘇東啟等案件，鍾心寬、廖清纏案的二崙鄉公所、永定國小等地，舉辦展覽並出版刊物。鄭南榕基金會等人權團體在網路上建置了《臺灣人權地圖》，同樣以清代至今的人權奮鬥史為主題，但將空間範圍擴大為整個臺灣。地圖標誌的地景可概分為三類：歷史現場、紀念性地景與促進人權保障的相關機構。

二〇一四年，國家人權博物館籌備處首度進行白色恐怖時期相關史蹟點調查案，執行口述歷史、現況基礎資料及人權地圖建置計畫。原本的計畫目標是透過一張地圖來標示過去受難者訪談或口述資料中曾經提到的許多地點，並為地圖所需的資料，做一些研究整理。筆者當時執行此計畫時，主要是利用過去參與許多文化資產保存的經驗，運用文化資產的標準與架構來看待白色恐怖的相關歷史空間，以保存這些歷史空間為前提，進行相關資料收集與整理。礙於經費與計畫期程的限制，調查範圍僅納入臺灣、澎湖、綠島、小琉球等地，並限制在國家用以追捕、處置政治犯的機構和場所等部分的紀念地，無法擴及廣大眾多政治犯生活面的歷史現場。這個調查計畫完成後，於景美人權文化園區舉辦了「臺灣監獄島：白色恐怖史蹟點特展」。

二〇一六年總統大舉後，政黨再度輪替，新任文化部部長鄭麗君從這份調查研究的內容中，提出了保存不義遺址的政策，國家人權博物館籌備處同步將史蹟點特展內容抽出部分，轉化為不義遺址的概念軸線，並於全國進行巡迴展。展覽中明確指出不義遺址的概念是「白色恐怖時期，國家迫害人權種種不義作為的場所」。

從白色恐怖史蹟點到白色恐怖不義遺址，這是政府首次有意識地從空間的角度，分析加害者空間的生產與配置，讓威權時期白色恐怖中模糊的國家身影逐漸清晰，讓我們知道威權時期的統治者如何為了保護自身的統治權力，經由一套貌似合法的程序，建構出一系列排除政治異己的空間體系，製造無數的政治犯。這一系列威權時期建構出來的政治排除與社會隔離的空間佈局，從臺北市以放射狀的方式輻射到臺灣各地，如同當時的政治經濟權力版圖。當年可疑的人民被追捕後依循這樣的路徑匯集到權力的中心，被抓來的人在臺北市區祕密偵訊，審判之後變成了政治犯，被置入島嶼的邊陲隔離或處決。統治者利用對付傳染病的技術，把挑戰國家統治權力者轉化為國家的敵人，與一般人隔離，把空間分配為偵訊、監禁、感化、審判、槍決、埋葬的地點。從大尺度的地理分佈策略到小空間偵訊室的設計安排，透過系統性的空間規訓，禁制與排除的效應，打造威權體制底下順服的社會主體。

二〇一六年後，政治人權議題的空間轉向在不義遺址的調查研究與教育推廣中逐漸成形。國家人權博物館作為推動不義遺址保存並進行教育推廣的主要機構，推出了不義遺址小旅行、標示系統、繪本、教具研發等各種計畫。另一個主管不義遺址保存相關政策的機構則是行政院促進轉型正義委員會，於二〇一八年正式掛牌成立。在立法院三讀通過的《促進轉型正義條例》

中，明定保存不義遺址為該會的法定職責。因此，促轉會擬定了作業要點，明定不義遺址的定義：時間範圍「係指中華民國三十四年八月十五日起至八十一年十一月六日止之威權統治時期」，空間性質則是「統治者侵害人權之下列場所：（一）鎮壓、強迫失蹤、法外處決、強制勞動、強制思想改造及其他侵害人權事件之場所。（二）透過行政、司法、軍隊、警察、情治及其他體制系統，實施違反自由民主憲政秩序或侵害人權行為之逮捕、拘禁、酷刑、強暴、偵訊、審理、裁定、判決、執行徒刑、拘役、感化感訓、槍決、埋葬及其他相關場所」。此作業要點讓不義遺址的概念益加明確，在政策制定和處置流程之外，還包括許多體制內與體制外各種侵害人權的行為樣態。促轉會亦進行不義遺址先導規劃與社區溝通計畫，逐漸把轉型正義工作與空間的關係鏈結起來，將空間視為一個轉型正義中具有生產力的力量。

在不義遺址的定義和框架下，雖然讓我們得以透過空間描繪出國家暴力的形狀，了解加害者建構出來的政治排除空間體系，可是也引發其他的負面效果，例如鄰避（NIMBY）、汙名化效應。對於政治議題的排斥以及白色恐怖的遺緒，讓許多利害關係人在標示空間與採取保存行動之前，自動設下界線。而且在國家視角之外，社會面向、人民角度的歷史記憶空間，很難被帶有負面意涵的「不義」用語包含進來。因此，也有許多建議可以用更寬廣的名詞來包含加害與被害、壓迫與反抗的對立關係，例如：人權場址、人權遺址。這個議題的具體實踐，在臺南市政府政策中有一些進展。二〇二〇年，臺南市政府對臺南市範圍內的白色恐怖相關歷史現場進行清查，該項調查把不義事蹟發動機關或發生地，定義為不義遺址，如警察局、湯德章、黃媽典等被槍決地；把爭取自由人權的鬥士住所、工作場所命名為自由人權場址。最後用「人權歷史現場」的概念，涵蓋了不義遺址和自由人權場址，整合加害者視角的不義遺址和被害者視角的自由人權場址，讓不同角度、不同性質的空間，可以用人權的概念完整地閱讀和理解。

國家人權博物館完成白色恐怖史蹟點第一期的調查計畫後，陸續展開第二期針對山地指揮所以及臺北以外其他各地更多的史蹟點調查，並且納入了慰安婦事件的地點。第三期計畫則擴以馬祖為核心的白色恐怖相關史蹟點調查研究。馬祖的白色恐怖案件的脈絡與臺灣本島的類型差異很大，情治特務單位會利用民宅來掩護機構，偵訊和審判當地的政治犯。在離島的部分還有促轉會針對蘭嶼的不義遺址調查研究，該研究指出蘭嶼是集體性的政治受難、經濟受難、文化受難，是整個族群遭受軍事管制下的集體性迫害。對達悟族而言，各式軍事設施、職訓農場、環境土地改造、環島公路、機場、港口以及核廢料儲存場，都是來自軍事統治時期的警備總部或蘭指部、退輔會等單位對於蘭嶼的相關之政治決策遺留的迫害證物。該研究更提供了原住民的視角，來擴大不義遺址的可能性，豈止於這些威權時期的實體可見的軍事、政治設施，從達悟文化滅失的角度來看，被漢人文化支配的不義所籠罩的整個蘭嶼都是不義遺址。

二〇二二年五月促轉會熄燈前，曾經依促轉條例分成三批完成審定公告四十二處不義遺址，其中包含二二八事件相關的二十五處，白色恐怖相關者十七處。這些以公有產權為優先、不涉及重大開發案件衝突地點者，並排除了私有產權的四十二處不義遺址示範性審定作業，是這四年工作複雜的政治與社會溝通成果，也反映了主其事者的用心與承擔。另外還留下了六十四處的潛在不義遺址清單，留待任務交接單位文化部未來持續努力推進這個議題。

隨著政治檔案逐漸公開，早年調查研究過程中未解的歷史謎題，或不確認的地點逐漸得到答案。越來越多人關心研究白色恐時期史蹟點的過去、現在和未來，也參與歷史現場考掘的工作，從白色恐怖史蹟點到不義遺址再回到人權場址，空間指認搭配著檔案、文件、記憶、口述證言的價值越來越受到社會各界的肯認，實體空間的考證和研究是可以引發更多社會空間的互動與對話，以及促進歷史研究和轉型正義目標的實現。

白色恐怖史蹟點保存的意義

自從納粹大屠殺以來，人類越來越關注大規模暴行帶來的創傷與痛苦，過往充滿傷痕記憶的集中營、毒氣室等地景成為歷史保存的對象，以負面文化遺產、暗黑文化資產或困難遺產（Difficult Heritage）為名成為文化資產的一種新類型。對比我們所常見以美學主流價值的古蹟或是歷史建築等文化資產，困難遺產類型的空間並不一定精美，甚至可能工法、材料很簡陋，是空無一物的刑場或是政治受難者生活日常的民宅。這些困難遺產的無形價值超越實質物理環境，具備許多不和諧、不確定、不安定的因素，使得困難遺產的保存、詮釋與再利用充滿了協商的特質。在保存過程中不容易有固定的模式，隨時出現的難題或角力，都需要更多的民眾參與和民主程序來處理。

在臺灣，白色恐怖相關的人權場址最早納入文化資產保存已經超過十五年，但近年仍有文化資產委員提出六張犁政治受難者墓園的墓碑形式過於簡陋，而不具備保存價值的意見。顯然臺灣社會對於歷史的認知還有很多空白之處，從解嚴以來到今天，追索白色恐怖的真相，開放檔案，平反歷史的行動一直都還在進行中。我們需要更多的共識、協商和教育過程與全球的普世價值接軌，在傳統空間專業討論的形式美學價值之外，白色恐怖人權歷史現場保存的意義還可以從以下三個面向來討論。

一、接近歷史真相

如果說時間是轉型正義最大的敵人，那麼空間則是記憶保存的啟動器。許多受到政治迫害的老一輩人，不敵歲月的摧殘，逐漸逝去，而遲來的正義不是正義。在遺忘與記憶的戰爭之中，空間可以啟動記憶，也可以成為保存記憶的容器。我們曾經陪同受難者重返祕密偵訊政治犯的偵訊室，發現在真實的歷史空間場域之中，雖然歷經三、四十年的時光阻隔，人們還是可以透過各種感官、身體感喚回許多深沉的回憶。例如美麗島事件的受難者陳忠信第一次回到安康接待室，透過空間尺度以及廁所位置、出入動線的比對，明確地定位出當年被偵訊的房間，喚起當時面對特務刑求逼供，進行肉身和意志力對抗的記憶。陳菊第一次回到安康接待室才發現，原來自己不是被關在地下室，而是調查局利用地形的高低差，以隧道連結兩棟建築物，讓被關押其中的人，產生難以脫逃的空間錯覺。

因此，白色恐怖人權歷史現場成為博物館或是紀念地，可以讓受害者口述歷史建構出來的白色恐怖敘事，得以安置在一個又一個陸續被考掘出真實地點的監獄、偵訊室或受害者故居。他們也需要空間來召喚記憶，幫助未來沒有經歷過這個時空的人們在無數充滿斷層、裂縫的歷史中，面對許多不連續和異質性的差異，還得以獲取不同的記憶，用更多元的角度、呈現爭議的方式去接近歷史的真相。

二、保全歷史證據

空間是記憶之所在，也是證據之所在。這些歷史現場所在的地點、建築物或遺存一點點的構造，都是歷史悲劇的物質性證據之一。六張犁政治受難者墓園的發現，讓社會直接地面對白色恐怖歷史，走入墓園空間，每一塊墓碑上的名字，哪怕身分不詳，也是一種社會與政治的文件檔案。在墓園現場，你會想知道這個名字所代表的人物為何在這裡？他曾經發生什麼事情？為什麼會發生這樣的事件？白色恐怖人權歷史現場中，有些是政治受難者的故居，透過故居的區位環境與地理脈絡，你才會了解到當年地主與佃農關係如何影響區域的有志改革者，試圖改變現況而功敗垂成。而白色恐怖不義遺址，可以幫助我們描繪出壓迫體制的樣貌，接近經常缺席的加害者，從製造政治犯的空間體系，間接認識架構起這龐大羅網的運作機制。空間作為歷史的證言，對於受難者來說，保存歷史現場更是一種記憶的補償，在快速變動的時空環境中，空間中曾經存在的歷史不斷地被抹去重構，失憶型的城市開發或環境的破壞也是埋藏歷史的空間不正義，因此，歷史現場的保存，城市記憶的考掘與再生產，連結現在與過去，讓後人得以藉此重構過去的罪行與記憶，反思我們的當下與未來。

三、重新鏈結社會

保存白色恐怖歷史現場的另個重要意義，是將傷痛的記憶轉化成和解的記憶，成為帶動正面的情感實踐，帶領臺灣社會克服過去的撕裂走向未來，亦即面對黑暗的歷史是為了尋找光明的未來路徑。國家人權博物館的景美紀念園區、綠島紀念園區都是白色恐怖時期的重要歷史現場，兼備紀念地的功能，紀念儀式在此不只是懷舊鄉愁式的回顧，更重要的是透過調查研究、教育啟發，對破碎化的社會進行修復，重建社會的鏈結，幫助社會正義的實現。在威權統治時期，國家以國家安全之名，戒嚴的緊急狀態佔領了社會自主的空間，異議者的生命被槍決排除或隔離監禁的故事，是我們不願意再次見到的歷史悲劇。在追求社會的團結與生命共同體的熱情之下，白色恐怖歷史現場像是一個時光寶盒，在民主時代尋求基於事實的過去記憶，利用這個寶盒收納多元角度，呈現爭議，強化社會整體的判斷能力，讓未來的社會仍然持續保有改革、改造的動力，在日常生活中不斷地前進。

雨果（Victor Hugo）曾說：「下水道是城市的良心。」對城市而言，在看得見的光鮮亮麗表皮之下，更需要的是看不見的基礎建設。一個強健的社會也需要基礎建設，那些位於城市邊緣、偏遠離島的不義遺址以及自由人權場址，在過去，是許多革命家、社會改革者和冤假錯案，未竟理想的身心棲居之地。在未來，這些承載了一個世代理想與良心故事的歷史現場，是我們社會力量得以更強大的基礎建設。

注釋

1 陳英泰 2009：https://blog.xuite.net/yingtaichen/twblog/150857166

第二部・抵抗

第六章

一九五〇年代臺灣省工作委員會的形成脈絡（注1）

文／林傳凱

◎當國家犯罪，屠殺了人民後，不滿的倖存者走上激進化的道路，反抗政府，並在全球浪潮下投身「左」的陣營，究竟該視為國家宣稱的「匪」，還是看成一群「官逼民反」下依舊對社會抱持著炙熱情感的改革者？

今日所稱的「白色恐怖」，涵蓋一九四九年「戒嚴」至一九八七年「解嚴」或一九九一年廢除《懲治叛亂條例》約四十個年頭。也有人稱為「戒嚴時期」、「威權時期」。不過，這些統稱背後卻蘊藏更複雜的歷史軌跡。其中，一九四九到一九五九年間的「十年」，常被特別的獨立出來——例如作家葉石濤，便以「五〇年代白色恐怖」稱呼他所經歷的歲月。從面世的資料來看，這段時期確實是「白色恐怖」的獵殺高峰，其中的特殊性，又特別聚焦於對「左翼」與「地下活動」的撲殺。本文的用意，便是介紹這段時期最重要的系列案件——「中共臺灣省工作委員會」的一些輪廓。

左傾：世界史鎔鑄下的「現實感」

許多政治犯見證中，常指出當年的監獄中有「紅帽子」與「白帽子」兩派立場。前者左傾、認同社會主義或共產主義；後者臺獨，擁抱臺灣民族主義。就年代來說，一九五〇年代雖也有極少數「臺獨案」，但先行文獻大致同意這個時期的政治犯以「左傾」為主流，有些人因思想繫獄，有些人牽涉共黨地下組織「臺灣省工作委員會」，或是對岸更龐雜的共黨系統。直到一九六〇年代後「臺獨案件」才逐漸增加。一九五〇年代入獄卻懷抱臺獨思想的罕見案例郭振純，由於橫跨五〇至七〇年代的牢獄，因此在回憶錄描述了六〇年代「獨派政治犯」逐漸增加的趨勢，他說：「自一九六二年新建泰源感訓監獄後，收容的『叛亂犯』卻有許多與前述的『匪諜』思想不同，立場敵對，年齡也屬於戰後世代。也就是說白色恐怖至此轉換了懲治對象……」（注2）粗淺地說，一九五〇年代被捕的本省籍大多受日本教育、「光復」時已成年，進而思想左傾；一九六〇年代後被捕的年紀較輕、接受戰後國民黨政府教育，其中一些人懷抱臺獨思想（但仍有左傾入獄者，但大多與對岸的共黨並無實質組織關係）。

當政治犯用「紅帽子」與「白帽子」自我區辨時，常誘使一些讀者在理解歷史時，套用今日相當普遍的「認同中國：認同臺灣」或「認同共產黨代表的中國：認同國民黨代表的中國」的框架解讀之，回溯地追認當時政治犯的心靈狀態，彷彿當時已存在鮮明的民族認同（national identity）之爭。但這樣的解讀很可能是當代眼鏡導致的「色偏」，而忽略一九四五到一九五〇年代初期，許多日後統稱為「臺灣人」的人群，在政治認同上還處在混沌的狀態，還試著在臺灣／日本／中國三方，乃至於「白色中國」與「紅色中國」間進行艱難抉擇。至於今日所稱的「臺灣民族」，在當年絕非主流的想像。無論讀者們的認同為何，你也許驚訝政治犯的認同與你相左。此時，不妨換一個視角提醒自己——這些情節不僅僅是臺灣史或「臺灣－中國（大陸）」連動拉扯下的產物，同時是「世界史」的一頁，跟當年全球的主流政治脈動有共鳴關係，是臺灣從未在世界史缺席的佐證。

在一九五〇年代，以美、蘇為首的兩大集團正展開全球的冷戰（cold war）競爭，使「左」與「右」的鬥爭在各地浮現，進而使「白色恐怖」與「紅色恐怖」在全球肆虐。歷史的主旋律使太平洋上脆弱而敏感的島嶼臺灣也難倖免其外，而與當年全球的主旋律交相共鳴，進而催生了一群思想左傾的政治陣營。

當然，這種宏觀、結構性的趨勢無法取代對心靈世界的細緻探索。所謂「冷戰」的世界潮流，終究不是以機械化、自動化的方式「順理成章」投入臺灣青年的心靈。相反，從臺灣青年的視角來看，所謂「左」與「右」之爭，從未以輪廓清晰、條理分明的方式在心靈浮現，進而以冷靜與慎思的態度進行抉擇。相反，這種選擇常分娩於混亂與倉皇，帶著苦悶到近乎窒息的情感，才從跌撞現實的跌撞中隱約感知到還有一條帶著「希望」的道路。以國家人權博物館出版的小說選中的文章來說，吳濁流的〈波茲坦科長〉便記述了這段從「光復」時的狂喜轉變失落與懊悔的歷程。「左」從未以素淨的抽象語言寄出邀請函，而是從現實的挫敗中一點一滴長出血肉、化身為青年眼前的選項。引誘臺灣青年抉擇的關鍵，終究離不開日常中「市場」與「國家」的雙重脫序——這張邀請函可能是長期失業的挫敗、可能是肚腹內轆轆的聲響、可能是「二二八」時攤在眼前的血肉。因此對「左」的憧憬，更像是混沌年代的混沌願景，似朦朧的「遠方之光」在心靈世界閃爍。這也是為何有大量的五〇年代政治犯在日後訪談表示，當年是「不滿現實」走上這條路；至於更多的理論探索，則是在監獄（若僥倖不死）的漫長歲月才逐漸習得。

二二八燃起青年的憤怒

對島民來說，一九四五年八月的戰爭結束，與十月緊接而來的「改朝換代」，逐漸在心靈上撕裂出巨大傷痕，先是日常中迸現一處處混亂、失序、壓抑的體驗，進而在一九四七年血雨腥風的屠殺中達到高潮。「國家的失靈」與「市場的失靈」彼此相關，交織成一股讓日常生活中處處導致墜落的不祥之網。首先是陳儀主政下（一九四五年十月至一九四七年五月）的接收亂象、吏治不彰、失業狂潮、物價通膨、市場米荒、治安惡化……擾動了一般民眾日常的安穩。接著在一九四七年二月底，因大稻埕查緝私菸衝突觸發的全島政治改革運動，到了三月八日、九日更演變為軍隊渡海鎮壓的悲劇，使臺人感受巨大衝擊。嚴格來說，本省青年生長的臺灣島，在二戰時未曾成為「完全的戰場」，它僥倖躲過了美軍一度規劃的登陸計畫，避開如沖繩在一九四五年因登陸戰造成的巨大浩劫。臺灣是殖民者的後勤基地，將米與軍伕送至海外，偶發地遭遇美軍空襲。因此像「二二八」這場以軍人與特務帶著槍在島上流竄、在市街屠殺、將屍體棄置生活空間的慘劇，確實是許多臺灣青年初次目睹故鄉成為「（準）戰場」的體驗，成為難以癒合的巨大傷口。

現在，許多人已經認識到「二二八」與「白色恐怖」的性質不盡相同。卻較少人有意識到，許多「二二八」後左傾或參加地下黨的青年，本身便是「二二八」的直接、間接受害者。舉數例為證：出身嘉義的北一女教師陳顯富，因牽涉地下黨「山地工作委員會」於一九五四年八月二十一日槍決，他的兩位兄弟陳顯宗、陳顯能便於「二二八」中遇害；雲林水林鄉的師院青年紀經俊，因牽涉地下黨「學委會」而於一九五〇年判刑十二年，他參與組織的動機，起因是兄長於「二二八」遭無辜屠殺的憤慨（注3）；桃園的劇作家簡國賢，因參與地下黨於一九五五年四月遭槍決，起因之一是妹婿於「二二八」時被擊斃於大溪齋明寺（注4）；新竹中學畢業的劉興炎（日後自新）是地下黨在竹東的拓基者，他的叔父劉家榮是「二二八」時竹東唯一的死者，棄屍於竹東與北埔交界。槍決他的軍人日後則長住在竹東鎮賣麵點，且不時向鄰里誇耀槍決劉家榮的情節，成為劉興炎投身共黨的重要原因（注5）。出身士林的醫師郭琇琮（死刑）是地下黨臺北市委會負責人，他於一九五〇年在軍法處訊問時，自述參加共黨的動機：「同學林麗鏘並未參加二二八事件，也無辜被殺；還有王育霖他是新竹法院檢察官也被殺，聽說還有許多無辜受害的人，因此對政府不滿。」（注6）而一九四七年三月在臺北圓環被軍人帶走的臺大電機系學生林麗鏘，不只影響了郭琇琮，也影響了他的兄長林麗南。十年前，我訪問林麗南，曾坐牢十二年的他，流著淚，首次揭露自己參加地下黨的心路歷程，第一句就說到：「麗鏘的死，對我的影響真大。我會參加共產黨，跟麗鏘的死有很大的關係，我就是想為他報仇。」（注7）

無論是政治檔案、特務回憶錄、地下黨核心的供詞，都一致同意戰後的地下黨要到「二二八」後才在年輕人的憤怒中茁壯起來。地下組織雖然在一九四六年春、夏就來到臺灣，但「二二八」前只有寥寥七十餘人，絕大多數都是一九二〇年代便參加「臺灣共產黨」、「農民組合」、「文化協會」的中生代，思想上早已左傾。但這一波反抗早在一九三〇年代便因日人鎮壓而消解，加上「皇民化」時日方不斷向學子宣揚反共教育，導致絕大多數年輕世代在「二二八」前對「左」與地下黨的邀請函興趣缺缺。要到「二二八」的屠殺後，大多數年輕人對體制內改革絕望，並身受貧困煎熬，終使「左」在年輕人間迅速蔓延。可以說，當時世界性的趨勢，終究要通過陳儀主政失敗及「二二八」屠殺，才遞出了染血的「邀請函」，成功遞入臺灣青年的心靈世界。

紛雜的左翼 VS 共同的敵人

「二二八」後，通過日本馬克思主義者的著作、中國左翼作家的文學與劇作、上海等地的時政雜誌、乃至於地下黨油印的小冊子，臺灣青年逐步在震盪後，找到回頭詮釋日本殖民至今諸多不幸的一條路徑。同時，剛經歷的軍事鎮壓，也使得青年的眼睛不只望向文字——他們一眼朝向「左」的理論或文學，一眼朝向對岸國共戰況的發展。葉石濤的小說中，曾藉著林雪梅的口勾勒他遇到的「時代青年」的普遍樣貌：「我大哥每天講的話，跟你一模一樣。後來我的老公在蜜月期間天天念的經也跟你一模一樣。我以為在我們這個時代裡，所有年輕人都是一個模子裡印出來的，這一定是時代的風潮！」這個「模子」議論什麼？「有關陳儀的惡政、大陸國共和談的情勢，以及臺灣民眾如何獲得再解放的途徑等政治談話。」

蔡德本在兼具「自傳」性質的《蕃薯仔哀歌》，也談到「二二八」後的校園：「當時所有的集會，都有反政府的演講，反政府的諷刺劇更是到處可見」、「當時幾乎所有大學裡的社團都是共黨的外圍組織……」所以他的「臺語戲劇社」裡「會有十多名學生加入共產黨，也是極為自然的事情」（注8）。曾參加共黨又脫離的李登輝也自述：「二二八以前共產黨在臺灣根本就沒力量，全臺灣才七十幾個共產黨而已，二二八以後，變成八百多個，增加有夠快。那時我們也沒其他辦法可想，發生二二八這種事件以後，出來喊的人後來都被打死了，再也沒有一個人出來喊，讓所有臺灣人團結起來。當時許多人就想，共產黨也許會有辦法，我們實在沒想得太深。現實上，臺灣有那麼多人被打死，而且國民政府統治的情況是四處都有貪汙，物價高，經濟差，每一項問題都發作起來。我們想，臺灣應該走另外一條路，無論怎樣，另外一條路可能就是一條出路……」（注9）

一眼朝向理論、一眼朝向現實，彼時的「左」組成紛雜。楊威理為政治犯葉盛吉寫的傳記《雙鄉記》，描述了當時傾向共黨的陣營，涵蓋了人道主義者、自由主義者、社會主義者都不同路線的行動者，彼此的共通處只在於對腐敗的當局的反感，因此結合在一起（注10）。而由葉盛吉介紹參加地下黨，因此獲刑的臺大醫學系學生顏世鴻，在回憶錄闡述自己的入黨經過時，則指出自己與上級針對「華北土改」衍生的暴力問題展開過漫長辯論（注11）。歷經「五〇年代白色恐怖」的文學家筆下，也多次描述過這樣的異質性。例如葉石濤的小說中，簡阿淘的友人甘火順「是個熱烈的馬克思主義信徒，他相信無產階級專政的那一套神話，他把這主義稱之為科學的社會主義」，他自己「應該算是個社會主義者，但是他的烏托邦接近瑞典或丹麥那種福利國家的型態，可以說他也是個自由主義者，只是跟胡適這一類的舊自由主義者不同，他是受到馬克思主義洗禮的新類型自由主義者」，但無損兩人友誼（注12）。

並非全然掌握理論，也不見得同意共黨的每一項主張，但在「二二八」的餘憤下，臺灣青年開始對與國府搏戰的共黨感興趣，認定是打倒國府的主要希望，甚至對當時提倡的「臺灣高度自治」與「新民主主義」充滿嚮往。臺灣青年的視野逐漸由島內延伸至對岸。漸漸，伴隨著局勢的發展，共黨的「左」的陣營陸續吸納動機、思想紛陳的各種支持者。他們唯一共享的元素，就是對「國家壓迫」與「階級壓迫」的束縛或深思後的反感，將一切矛頭指向戰後來臺的國府與他們根植的「政治－經濟模式」。至於抗爭者的成分為何？何時抗爭？抗爭手段是什麼？「解放」後的社會圖像是什麼？卻未必有一致共識。這是改朝換代下倉促分娩的「反國府統一戰線」。

「臺灣省工作委員會」，便在「二二八」的血跡中蓬勃。就架構來說，這個從對岸來臺的組織有以下特徵：（一）通過上海或香港的聯絡站，與更上級的單位聯繫；（二）島內最高決策群是「省委」：一九四九年破獲前夕，「省委書記」是蔡孝乾（臺籍）、「副書記」是陳澤民（閩籍）、「宣傳部長」是洪幼樵（粵籍）、「武裝部長」是張志忠（臺籍），另外有「省級幹部」林英傑（粵籍）等數人；（三）下面設三個全島性委員會：以臺大、師院為據點的「學生工作委員會」；以臺北郵局、電信局工人為主的「郵電工作委員會」；在阿里山與臺北市活動的「山地工作委員會」。這三個系統，目標雖然是串聯全臺的大專生、郵電工人、原住民菁英，但在破壞前夕，實質上都未到此規模，只侷限於局部地區；（四）下面亦先後設有二十幾個「地區性委員會」，主要在各縣市等地區發展基層群眾；（五）無論「全島」或「地區」委員會，基層組織都稱為「支部」或「小組」。「支部」的規模，因不同地區習慣有別，有時三人構成一個支部，有時八、九人構成一個支部。領導者則統稱「支部書記」或「小組長」，其餘可能設有宣傳幹事、組織幹事等職務；（六）由於地下黨很重視群眾工作，在不同的場域，常形成各式各樣「外圍」的「群眾團體」。例如在學校的讀書會、話劇社；工廠的員工福利會、互助俱樂部；農村的金蘭會、結婚會、牛犁會。通過群眾團體，地下黨進一步發掘人品好、積極、有人望的對象，通過教育，最後邀請參加組織。

因此，地下黨在「二二八」後陸續進入了各級學校、公務機關、工廠、雇工、農村、部落等，並且形成多重的抗爭目標。以一九四九年的情境來說——學校的組織往往通過掌握「自治會」與校方允許的「合法社團」，推廣左翼藝文、爭取學生福利；在工廠，為了保護廠區不受可能席捲臺灣的戰火破壞，催生了許多祕密的「護廠會」：在農村，「減租」或對抗地主「撤佃」的運動蔚為風潮；在部落，知識青年因為「民族高度自治」的訴求，逐漸對共黨的邀請產生興趣。換言之，與今日「政治犯」都是「高知識分子」的主流想像不同，當年的地下組織，有許多學歷不高、卻飽嚐社會現實的壓迫，而對改造社會有真誠嚮往的工人、農民加入行伍。

政治犯間常流傳這樣的說法——雖然沒有機會在學校升學，但「殘酷的現實」便是最好的學校，讓人深刻體會什麼是「剝削」。於是，動機、思想、願景各異的人群，便陸續在「臺灣省工作委員會」的大旗下，聚集為一起戰鬥的隊伍。

抗爭者的狀態多元，國家的「綏靖邏輯」卻非如此。對統治集團來說，在「國共鬥爭」與「冷戰」脈絡下，凡染上一點「紅」，便視為與共黨同路的「國家之敵」，將冠上「共匪」罪名恣意殺戮。葉石濤筆下的鹿窟農民在獄中描述自己的案情時，似乎帶著閃躲，「一絲絲狡猾的暗影掠過了這樸實的老農夫臉上。簡阿淘知道受過臺共訓練的勞動人民，都善於偽裝自己，其實他們都懷有堅定的信念和不可動搖的決心，因為他們窮得一無所有，不怕犧牲自己生命」，即便如此，老農們卻連自己唱的國歌與國旗，究竟屬於共黨或國府也分不清楚（注13）。可見，就算貧窮成為他們接觸地下黨的動力，對於整體政治與理論的認識仍舊相當有限。抗爭者的組成紛雜，國家的「清算邏輯」卻力求簡化與二分，一旦視為敵對的「非人者」，就面臨殘酷殺戮，使政治犯魂斷新店溪畔或山腳的諸多刑場。於是，改變生活，成為一件要命的事，人人嗅到了血的預感。

在死神眼皮下的地下抗爭

在「二二八」與「白色恐怖」陰霾下，年輕人不但抗爭，還走向臺灣史上罕見的「地下抗爭」。今日談到「抗爭」，許多人聯想的是一九八〇年代至今的大量示威遊行、街頭宣講、靜坐陳情、黨外雜誌、校園結社等意象。甚至學術界也流行一種「二二八」後抗爭銷聲匿跡，直到八〇年代才興起新一波抗爭的敘事。對今人來說，「抗爭」常等於社會運動（social movements）。但社會學者提利（Charles Tilly）、麥亞當（Doug McAdam）、塔羅（Sidney Tarrow）梳理人類史上的個案後，指出「社會運動」絕非唯一的抗爭型態，它們多浮現在風險較小的政治環境（注14）。因為風險小，人們得以公開倡議、集會、展示主張，而不易招來致命後果。當然在八〇年代的臺灣，抗爭仍有風險——包括警察在街頭的拳棍相向、利用「集遊法」或「妨礙公務」讓你吃上官司、甚至少數幾起著名的政治謀殺。但比起一九四七年的軍事屠殺或「白色恐怖」初期的槍決潮，無可否認，八〇年代後的鎮壓，在強度上已經緩和不少。

在一九四五至一九五〇年代，「死亡」離抗爭者的距離遠比今日更近，「地下化」成為必要。以小說選中的選文來說，邱永漢筆下的賴春木，在團體初次敗露後，「也有人巧妙地潛入地下工作。春木也是其中之一……」（注15）；郭松棻筆下的祕密聚會，閱讀紅書、架設電臺，最終破獲時像「綁好的一串毛蟹，一串七隻，只要從繩頭一拉，一隻也逃不掉」，暗示當年地下黨「單線領導」的組織原則；葉石濤筆下的簡阿淘，更多次提到歷史上實際存在的地下組織臺灣省工作委員會，其下的臺北市工作委員會、重整委員會、鹿窟基地，及以本名現身的地下黨領導人蔡孝乾、幹部呂石堆（呂赫若）或代稱為「吳多星」的重整委員會負責人陳福星（注16）。今人很難想像，在一九四七年到五〇年代初期，臺灣的抗爭者如此流行祕密聚會，在死神的眼皮下活動，進而追求「政治、經濟、社會的解放」。

因為「地下化」，一切聚會、閱讀、討論、串聯、組織、行動都遵循「愈少人知道愈好」的原則，父母不對子女說、兄姊不對弟妹說、丈妻之間互不說，進而造就一大批「親密卻無法知情的人」。當國家的鎮壓發生後，對剩下來的人來說，消失的親友究竟在國家懷疑處處「地下化」的年代做過什麼？為何被捕？幾乎一無所知，只能獨自面對「消失」後的人生空洞。現實中，這不只是小說人物的寫照，也是許多政治犯家屬常有的狀態。

從他們的脈絡理解他們

最後，在七十年後的今日，我們該怎麼理解這群消失在白霧中的青春面容？在「本土化」或「臺灣民族主義」日益盛行後，很長一段時間，不少民眾對「無辜」的「二二八受害者」寄予同情，卻對涉及「地下黨」受害的政治犯感到尷尬、難解，甚至評為「罪有應得」。一些人懷疑地下組織的存在，認為全屬官方羅織；一些人忿忿地認為這群人「缺乏臺灣主體性」，難以認同他們當年／現在的立場；甚至，一些反射性的評論認為，這些人的存在，恰恰說明當年島內確實有「共匪」，因此國民黨政府才會實施嚴厲的「白色恐怖」——展示相關歷史，要不肯定國家鎮壓的正當性；要不將有損於平反「白色恐怖」的正當性。

對於上述的見解，我想提出一些簡單的回應。首先，理解歷史時，我們應該要回到他們所處的脈絡去理解他們。如本文所述，一九四〇年代到一九五〇年代，是一段今人難以想像的顛簸、動蕩、劇變的時代，無論是全球性的二次大戰的尾聲，或「改朝換代」在政經文化的劇烈轉變、乃至於「二二八」的血腥屠殺，才使得臺籍民眾日益激進，形成一個跨越學、工、農、原住民族的反抗陣營。

因此，挪用昔日官方「匪」的論述去思考，是非常危險的思考方式。究其本，在已經發生的歷史現實中，參與地下黨的人們，幾乎都是日復一日與正在吞噬著人們身心的惡質制度搏鬥。即使在官方檔案中，除了極少數案件，我們鮮少看到「地下黨」的參與者，通過武裝手段傷害任何人，遑論姦淫擄掠等惡行。相反地，一九四五年至一九四九年間，最大規模的殺戮、奪人性命與財產、造成許多家庭破碎的系統性罪行，恰恰是由國民黨政府於一九四七年「二二八」時首次犯下。本文已經說明，「地下黨」真正蓬勃是「二二八」後的事情，而許多參與者，本身就是「二二八」的間接或直接受害者。

因此，我想請各位讀者思考的問題是：當國家犯罪，屠殺了人民後，不滿的倖存者走上激進化的道路，反抗政府，並在全球浪潮下投身「左」的陣營，究竟該視為國家宣稱的「匪」，還是看成一群「官逼民反」下依舊對社會抱持著炙熱情感的改革者？犯下罪行的國家，在當年未受到應有的究責、不曾在當時表示歉咎，進而又透過「一九五〇年代白色恐怖」再次屠殺反抗者，我們是要感謝這樣的「德政」或「必要之惡」？我們是否應該認識到戰後初期國家「連續性」的殺戮的本質？以及被鎮壓者的願望，泰半是希望活在一個他們想像中更平等、有尊嚴的政治情境中？已究其本，一九四七年的屠殺若是罪行，那麼一九五〇年屠殺「反抗罪行者」的舉動，應該被視為毫無歉咎下的「罪上加罪」。

從一九九〇年代至今，經過了漫長的努力，許多五〇年代的政治犯才願意開口，說出那段今日顯得「尷尬」，甚至將遭受敵意指摘的往事。大屠殺後走入地下的歲月、最嚴厲的年代經歷「白色恐怖」的晦暗，也終於從心靈的暗角，逐漸變成集體記憶的一部分。今日，我們可以用更公允的角度，在思考了歷史情境中權力的懸殊、政治屠殺的震撼後，一群群臺籍青年如何日益激進化，最後與全球性的「左」與「右」對抗的潮流勾連，成為當時臺灣社會最重要的一股反抗力量及殞落的過程。

今日，五〇年代的抗爭者們，能與不同年代的抗爭者並列於博物館的介紹中，作為「後來者」的觀眾，我們也許該試著從他們置身的時空脈絡，去理解他們的思想、行動、願景、際遇、及一連串愛死交纏的斑斑血跡，給予他們應有的歷史正義。

參考資料

- 鍾喬，《簡國賢》，文建會，二〇〇六。
- 郭振純，《耕甘藷園的人》，玉山社，二〇〇八。
- 許進發編，《戰後臺灣政治案件：學生工作委員會案史料彙編》，國史館，二〇〇八。
- 張炎憲主編，《李登輝總統訪談錄》，允晨文化，二〇〇八。
- 蔡德本，《蕃薯仔哀歌》，草根，二〇〇八。
- 楊威理作、陳映真譯，《雙鄉記：葉盛吉－臺灣知識分子之青春・徬徨・探索・實踐與悲劇》，人間。二〇〇九。
- 顏世鴻，《青島東路三號：我的百年之憶與臺灣的荒謬年代》，啟動文化，二〇一二。
- 張炎憲、許明熏、楊雅慧、陳鳳華，《風中的哭泣－五〇年代新竹白色恐怖政治案件》，吳三連臺灣史料基金會，二〇一五。

- 胡淑雯、童偉格主編，《讓過去成為此刻：臺灣白色恐怖小說選 卷一 血的預感》，春山，二〇二〇。

注釋

1 本文改寫自我在二〇二〇年發表的〈五〇年代的恐怖心靈史－左翼、地下、血的預感〉，收錄於《讓過去成為此刻：臺灣白色恐怖小說選 四卷本導讀手冊》，由春山出版社、國家人權博物館共同出版。此文得春山出版社同意後改寫，特此致謝。我刪除了部分段落，加上切合「主題展」內容的新資訊。

2 見郭振純，《耕甘藷園的人》：頁三百五十九，玉山社，二〇〇八。

3 見國史館，《戰後臺灣政治案件 學生工作委員會案史料彙編》：頁三百五十四，二〇〇八。

4 見鍾喬，《簡國賢》，文建會，二〇〇六。

5 見張炎憲、許明熏、楊雅慧、陳鳳華，〈謝正山訪問記錄〉，收錄在《風中的哭泣－五〇年代新竹白色恐怖政治案件》，吳三連臺灣史料基金會，二〇一五。

6 見郭琇琮於軍法處訊問筆錄，《郭琇琮等匪諜案》，國家檔案局檔號：A305440000C/0040/273.4/81

7 見《林麗南訪談錄》，作者訪問，未刊稿。

8 見蔡德本，《蕃薯仔哀歌》：頁四五、頁四六。

9 見張炎憲主編，《李登輝總統訪談錄》，允晨文化，二〇〇八。

10 見楊威理作、陳映真譯，《雙鄉記：葉盛吉－臺灣知識分子之青春・徬徨・探索・實踐與悲劇》，人間，二〇〇九。

11 見顏世鴻，《青島東路三號：我的百年之憶與臺灣的荒謬年代》，啟動文化，二〇一二。

12 見葉石濤，〈臺灣男子簡阿淘〉，收錄在《讓過去成為此刻：臺灣白色恐怖小說選 卷一 血的預感》，春山，二〇二〇。

13 見葉石濤，〈臺灣男子簡阿淘〉，收錄在《讓過去成為此刻：臺灣白色恐怖小說選 卷一 血的預感》，春山，二〇二〇。

14 見 Doug McAdam, Sindey Tarrow & Charles Tilly, 2001 *Dynamics of Contention*. New York：Cambridge University Press.

15 見邱永漢，〈香港〉，收錄在《讓過去成為此刻：臺灣白色恐怖小說選 卷一 血的預感》，春山，二〇二〇。

16 見郭松棻，〈月印〉，收錄在《讓過去成為此刻：臺灣白色恐怖小說選 卷一 血的預感》，春山，二〇二〇。

第七章

「外省」軍人的白色恐怖歷史圖像

文／林傳凱

今日的臺灣社會，常把「外省人」當成一個族群（ethnic group）。可是，這樣的認知，其實是民間社會在一九八〇年代逐漸浮現「四大族群說」後才浮現（注1）。進而，才將「外省人」視為一個彷彿均質、具有共享文化與歷史經驗的群體。

這樣的認知，縱使帶有「群體融合」的正面期許，卻可能與真實的歷史圖像存在落差。實際上，從一九四五年到一九四九前後的「外省遷徙潮」發生時，今日稱為「外省人」的群體，當年卻未必享有一致的文化與精神特質。例如，今日越來越難聽見「南腔北調」的「鄉音」——諸如四川腔、山東腔、湖南腔——之所以存在，正是因為當年移入者間，彼此的母語（mother tongue）並不相同；而今日稱為「國語」的「北京話」，亦非每個俗稱「外省人」的移民熟稔的語言。進一步說，今日泛稱「外省人」的群體，其實包括了各族裔、階級、文化、信仰、政治經驗的異質組成。無論如何，今日被「族群化」的「外省人」，乃至歷經一九八〇年代後重新建構的範疇，卻不是我們探索一九四九年後歷史實況時的良好起點。

那麼，一九四九年的實際狀況，究竟又是如何呢？在政治上，從一九四九年初的徐蚌會戰（淮海戰役）開始，國民黨政府失去了一半以上的正規軍，在國共鬥爭中敗象畢露。在歷經了一連串必然與偶發事件的交錯，國府中央最後選擇遷至臺灣落腳，臺灣成為瀕臨崩解的國府的最後陣地，並在一九五〇年「韓戰」後於美國援助下逐步重整（注2）。此時，大批的所謂「外省人」也在不同脈絡下進入臺灣——隨政府部門或軍隊撤退來臺；躲避戰禍來臺；一九四九年前就在臺任職；乃至於陰錯陽差地認為臺灣只是一連串逃亡歷程中「一如往昔」的「過渡一站」，最後卻都不得不久留於此。無論如何，當一九四九年底國府全面遷臺、一九五〇年「韓戰」後美軍第七艦隊（United States Seventh Fleet）進駐而確立國共長期隔海對峙的局勢後，這些主動、被動來臺的「外省人」，開始面臨無法歸鄉的共同處境。從這點來說，一九四九年後來臺的「外省人」唯一的共通經驗，就是偶然地因戰爭而長期離散（diaspora）在臺，而與出生、成長的原鄉就此隔絕（注3）。

這樣的背景，對理解一九四九年後在「白色恐怖」占大宗的「外省軍人案件」有著重要意義。

在當代的想像中，常把一九四九年後隨國府撤退來臺的軍人，直觀地視為政府的一部分，更因為侍從（clientelism）庇蔭而對當局死心塌地。但這樣的想像，卻與實際的歷史圖像有著不小的落差。無論是十九世紀的清帝國末期，或一九一一年中華民國創立時，當時的國家（state）都無法視為一個能將武力集中於中央，並直接統治領土內所有日常事務的成熟的民族國家（nationstate）。因此，軍隊，或說武力，在中華民國的疆域內，並非全由中央領導，而是分散在不同大大小小的政治勢力手中。因此，無論是各地林立的軍閥或軍方派系、游擊隊，乃至於時而與各種政治勢力結盟或背叛的地方幫會、盜匪集團，或自己握有武力的「土豪劣紳」，在中華民國境內，軍隊，從來就不是一元地集中於中央政府手中。

即使是當代認知由總統統率的「陸海空三軍」，形成過程也各自曲折。就以後來深陷「白色恐怖」的海軍為例，中華民國海軍的起源是在不同脈絡下形成的四間海軍官校。其中，福建的「馬尾海校」與廣東的「廣東海校」最初採取英式教育；在中國東北由張作霖父子支持的「青島海校」採取日式教育；至於蔣介石自創的「電雷海校」，採取類似「土法煉鋼」的教學模式，且在海軍中影響力最小。抗戰期間，海軍以別稱「閩系」的馬尾海校勢力最大，當時的海軍部（近似今日的海軍總司令部）通行的語言是福州話，而非今日普遍的北京話。當時「閩系」海軍的將領陳紹寬與蔣介石多有摩擦，甚至一度為此失去兵權。一九四九年，陳紹寬拒絕蔣介石的「邀請」來臺合作，選擇加入了中華人民共和國海軍。同時，不少「閩系」將領也作出類似選擇，在國共鬥爭中開船投靠了另一方的陣營。

當國民黨政府於一九四九年全面遷臺時，它並不是帶著紀律良好、體系完備、一元領導的大批軍隊進入臺灣。相反地，無論是各軍種間，或是軍種內部，不但派系林立、訓練水準高低不一，許多軍人也對戰況「淪落至此」深感不滿。因此，來到臺灣後的國民黨政府，面對的不只是「二二八」後高度不滿或疑懼的本地社會，也必須面對同來的黨政軍內部的派系傾軋、信心危機，甚至對蔣介石為首的領導集團的正當性的質疑。

因此，「白色恐怖」會有大批「外省軍人」涉案的脈絡之一，就是一九四九年底的政治危機，使掌政者為了鞏固政權，而對軍方內部進行大規模的內部派系整頓與忠誠檢查，將稍有牢騷、甚至在「捕風捉影」下認定的「嫌疑者」送往軍法審判，使得當年的刑場與監獄，充斥著大批來自「外省」的軍籍政治犯。

海軍中的白色恐怖

大規模的派系整肅，首先可以發生於一九四九年底的「海軍白色恐怖」為代表。當海軍陸續撤退至澎湖、高雄等地後，蔣介石任命的海軍總司令桂永清，就針對「閩系」為主的官兵（但也間雜其他派系）進行大規模整肅，在無實據的情況下，將大批海軍以「匪嫌」逮捕至左營、鳳山訊問，甚至連海軍官校校長魏濟民（注4）都無法倖免。對照檔案與當事者口述，當時不但未經審判而祕密處決了部分海軍將官（注5），多人歷經了「老虎凳」等嚴厲刑求（注6），甚至發生留英的海軍機械學校士官莊懷遠「被自殺」且遺體消失的狀況（注7）。此外，政治犯馮馮（本名封志雄）自述，他在羈押期間，更歷經了被同性訊問者、囚犯長期性侵的狀態，對身心造成深遠影響（注8）。

另一個類似的案例，便是蔣氏父子在一九五五年為了整肅當時備受美方青睞的陸軍將領孫立人，因此捏造其部屬郭廷亮具有「匪嫌」的案件，進而將大批孫立人嫡系將領指控為政治犯。其中陸軍步兵學校少校教官郭廷亮判處無期徒刑；陸軍總司令部與第七、九、十軍的軍官江雲錦、田祥鴻、劉凱英、王善從、孫光炎等判處十五年有期徒刑。此外，尚有大批軍官因此判刑（注9），或就此烙上「孫系」標籤而難升遷。捏造出來的案件，成功地讓孫立人失勢，面臨長達三十三年的漫長軟禁。至於蔣氏父子，也藉此進一步鞏固了對軍權的掌握與美方支持。

此外，一些高階將領，在來臺初期，被認為在國共戰爭期間有「不忠」而傾向共黨的嫌疑，進而在整肅中鋃鐺入獄。例如江蘇籍的段澐（時為臺灣防衛總司令部中將副總司令）、段復（時為交通部專門委員）兄弟，被指控在大陸期間「知匪不報」並有「投共」之嫌，而與段徽楷（湖南人，無業）、謝小球（湖南人，無業）於一九五三年九月十四日判處死刑，於一九五四年一月三十日於新店安坑刑場槍決（注10）。

又如一九五一年一月九日判決的李玉堂等案。山東籍的國防部中將參議李玉堂被控於大陸時期，曾因戰況悲觀而準備投降共黨，因此於一九五一年二月五日在碧潭刑場將李玉堂、陳伯蘭（江蘇人，李玉堂之妻）、魏天民（河北人，六十七軍三十二師戰鬥團中尉組員）、陳石菁（江蘇人，九十六軍上校附員）判處死刑，並牽連多名部屬（注11）。無論李玉堂當年是否真有投降之意，被牽連的部屬中，例如安徽人張蘊智（陸軍六十七軍三十二師戰鬥團中尉團員）便真誠地忠於黨國。在綠島服刑期間，他積極地通過密告、舉發其他政治犯私下學習左翼理論，並在蔣經國來訪綠島時當面陳冤，證明自己的清白（注12）。這樣忠於政府的軍人，卻跟當時試圖反抗國民黨政府的抗爭者，同樣囚禁於綠島。獄方又通過這樣的思想差異，「以囚制囚」，進而導致了一九五四年後槍決多人的「綠島新生訓導處『再叛亂』案」或「新店軍人監獄『再叛亂』

案」等事件（注13）。高階的軍事將領，固然難在一九四九年後的國家重構中脫身，中下層的士官，也未必有著良好的際遇。

首先，一九四九年前後來到臺灣，對許多軍人來說，原本以為只是隨軍隊而行的一次例行移動，想不到就此與故鄉長期分離（甚至永別）。加上來臺後，軍中曾實施「禁婚令」，更使許多單身來臺的軍人，每逢佳節便備受「鄉愁」煎熬，時而導致自殺、「鬧營」、或各種形式的騷動。這樣的情況在陸、海、空軍都存在——空軍駕機「投奔」對岸、海軍秘謀開船回鄉。至於沒有飛機、也沒有船艦的陸軍，甚至出現在前線金、馬抱著輪胎，試圖飄回對岸的情況。例如駐守於金門的河北籍軍人孫國祥（八四一二部隊通信連下士報務士）因思鄉心切，曾於一九五四年嘗試抱輪胎飄回對岸，卻因不諳水性而折返。稍後，政工盯上他與另一名常因「思鄉」發牢騷的山東籍士兵楊希鳳（八四一二部隊工兵營第二連下士通信士），偽裝也想返鄉，煽動他們規劃以膠筏偷渡至福建的計畫。最後國防部於一九五九年將兩人逮捕，將思鄉心切的兩人冠上「共同陰謀投降叛徒」罪名，同處無期徒刑囚禁終身（注14）。

這些因「思鄉」而蠢蠢欲動的軍人，還算是少數案例。更多因「鄉愁」被捕者，純粹是言語抒發、寄物思人，就此冠上了「叛亂」罪名。

一九五六年判刑的河北籍軍人魯精華（馬祖守備區〇九一四部隊三營營部連下士）就是一

個例子。他在馬祖北竿的芹山守備時，撿到共軍從對岸空投的傳單「勸郎歸家歌」，想以溫情動搖馬祖守軍的情緒。魯精華看到傳單後，勾起鄉愁，便把這張傳單私藏身上，遭部隊指控他「暗藏共軍宣傳品」，有「預備投降叛徒」之意，在一九五六年十二月十五日判他十年徒刑（注15）。

另一個更唏噓的案例，是廣東籍老兵黃仁亞的遭遇。黃仁亞來臺時年事已高，一九五八年打完金門炮戰後，多病的他被要求退役。他孤家寡人，沒有恆產，最後淪為街友，一路流浪到新竹舊社里的一處防空洞寄居（這是他在判決書上登記的「地址」）。年近五十的黃仁亞為了糊口，只能到頭前溪的河床作繁重的砂石搬運工。這段期間，他一直帶著昔日在金門拾獲的空飄傳單「在家鄉過幸福生活」。有時，他拿出這張傳單，跟同在工地的工人、或前來戲水的少年，呢喃自己一定能回家過幸福生活。一九六一年，幾位前來戲水的少年張福海、崔成鄴、崔蓉生聽完他的喃喃自語，基於校內「保密防諜」的教誨，主動向憲兵隊舉發他有「為匪宣傳」之嫌。一九六一年七月二十五日，警備總司令部軍法處以「連續以文字演說為有利於叛徒之宣傳」的罪名，將棲身於防空洞的五十歲退伍老兵投入監獄，判處七年有期徒刑（注16）。

層層管束下，軍隊，對某些軍人而言，宛若苦悶且備受控制的大牢籠。長年的滯留異鄉、無法成家、待遇低落、升遷受阻、軍紀腐化、管教不當，更使累積的苦悶無處發洩。因而軍隊有一類常見的特殊案件，便是在廁所塗鴉而遭判刑。這類案件出奇多，且集中於待遇最差的陸軍，在此聊舉數例：湖北來的陸軍下士劉漢良，被控於一九五六年四月在營房廁所寫下「打倒國民黨中國才有幸福的生活，共產主義人民有飯食有衣穿是中國需要的」、「共產黨很快要解放臺灣，諸位親愛同志快來幫忙」，判刑三年六個月（注17）；江西來的陸軍中士李日盛，被控在一九五七年四月二十日用廁所草紙寫下「擁護毛主席」、「偉大毛主席」，判刑三年六個月（注18）；浙江來的陸軍上士芮全定，被控在一九六四年於廁所寫下「推翻國民政府敵蔣介石，他拆散我們的家庭，迫我們拉臺，害得我們受苦」，裁定感訓三年（注19）；福建來的陸軍中士李文鈞，被控在一九五五年連續三次在廁所以菸蒂、火柴頭書寫「蔣賊賣國集團」、「恐怖呀」、「殺蔣拔蔣」，判刑十五年（注20）；河北來的陸軍上士劉振華，被控在一九六五年先後在廁所寫下「毛澤東殺我父母蔣介石絕我子孫」、「自幼投筆從戎迄今廿餘載，但仍隻身軍旅，真是悲慘至極，怎能不叫人傷心呢？我恁同我相似者頗多祇有同酒傷心淚吧，今後祇有苟且時日，來解脫這人生的一環，天知道」、「蔣介石害世魔王蔣經國害國走狗」，判刑七年（注21）；江蘇來陸軍士官張金霖，被控在一九六五年十二月二十二日在廁所寫下「蔣介石老而不死是為賊」及「蔣家天下獨裁專政能擅改憲法」，判刑七年（注22）；江西來的陸軍上士高立福，被控在一九五四年在廁所寫下「我們士兵的幫腿只有等人民解放軍來解放了、他媽的、他們穿美式大衣、我們布大衣還要四個人共一件、他們吃火鍋、我們住漏屋、他媽的、什麼國民革命軍、這樣還不垮臺、真有鬼呢」，判刑七年（注23）；廣西來的陸軍上士吳斌雄，被控在一九五四年在廁所寫下「國民黨官僚腐化無能」、「國民黨就要完了」及「國家對不起我們」，判刑七年（注24）；江西來的陸軍一等兵郭新生，被控在一九五四年十一月二十一日在廁所寫下「中國國民黨出賣中國已十年來富美帝奴役所」，判刑十年；江西來的陸軍下士酈先貴，被控在一九五五年於廁所寫下「陸戰隊是鐵幕部隊戰士們你們為什麼要被他們關住?官長不能帶頭作用，將你們當作牛馬，每日都派甚麼糾察隊來威脅你們，官僚專制，合作社是吃兵血肉的⋯⋯」，判刑七年（注25）。

為什麼要在廁所寫字？一位老兵政治犯坦白地說——在滯悶的軍營，他們「以為」少數不受政工監視的空間，就是簡陋的茅坑。在這裡，無論是脫褲子排便、自慰，彷彿是少數能「做自己」的空間（注26）。沒想到，蹲在廁所寫的字句，也會冠上「叛亂」罪名，導致大批的士兵投入獄中。

昔日，軍營彷彿像一個巨大的牢籠，將「裡面」與「外面」的世界隔絕。即便如此，社會上的聲音，仍有機會悄悄穿透營房。一九五〇年代中後期，一些國民黨內的自由派知識分子試圖與本省政治人物結盟，籌組新黨，並以《自由中國》雜誌評論時政。此刊言詞懇切而犀利，直指臺灣政治的諸多弊端，最後導致發行者雷震、傅正等人入獄（注27）。但比較少人留心到，當時的軍中也有許多基層士兵因此被捕。河南籍老兵郭振邦（陸軍第二十七師八十一團四十二砲連准尉副排長）回憶，當時軍中思想控管嚴密，只能閱讀《中央日報》或《青年戰士報》等黨或軍發行的報紙。即便如此，當泰半媒體集中砲火猛轟《自由中國》時，不免引起他的興趣。他利用假日偷偷閱讀《自由中國》的「祝壽專號」（注28），眼界大開，不但帶回軍中，甚至嘗試以筆名投稿，控訴軍中士氣低落、待遇甚差、欺上瞞下的惡質風氣。沒想到信件尚未寄出，就為政工人員查獲，並於一九五八年九月十八日以「為匪宣傳」名義判他三年六個月。閱讀或投稿《自由中國》坐牢的軍人還不只郭振邦。例如一九六五年遭國防部判刑十年的江蘇籍士兵吉天才（空軍作戰司令部第二汽車隊中士一級駕駛士官）（注29）、一九六六年在金門判刑七年的廣西籍士兵莫丕武（空軍防砲六團一〇八營第四連上士高砲）（注30），他們的案情，都與追究閱讀或投稿《自由中國》有關。

榮民的處境

倘若軍營苦悶，士兵為何不退伍？在當年的情境中，這不是人人都有能力承擔的選擇。在營期間，不同軍種的待遇就有很大落差。臺灣社會曾流行一句俗諺：「空軍少爺兵、海軍流氓兵、陸軍乞丐兵。」（注31）反映了這種差異。當時，軍方對於專業技能高、養成不易、且較易開飛機或軍艦「叛逃」的空軍與海軍，除了嚴加控管，也給予較好的待遇——完善的眷村、更高的薪俸與福利、「成家」的管束也較寬鬆。相較於此，人數龐大的陸軍在一九五〇年「韓戰」奠定長期隔海對峙的局勢後，頓時失去了用武之地。一九五〇年代初期，陸軍推動精簡計畫，將年長、體弱、不服管教或訓練不足的士兵（部分是「拉伕」入伍者，故參差不齊），強迫退役，藉此提升軍隊素質與減輕開支。但新的難題接踵而來——空軍退役者可轉任民航機駕駛、海軍退役可轉為遠洋漁船的輪機長或大副，在當年（甚至當代）都是「高薪」的職業。相較於此，專業程度較低、不諳本地語言、缺乏人際網絡的陸軍，退伍後，很容易淪入底層勞動市場，甚至像黃仁亞成為「街友」流浪街頭，衍生新的難題。有鑑於此，行政院於一九五四年設立「行政院國軍退除役官兵就業輔導委員會」，建立了許多人耳熟能詳的「榮民」制度。

今天，許多人提到「榮民」時，便會聯想年邁的「榮民伯伯」。不過，當年許多強制退役成為「榮民」者，卻是二、三十歲的青壯年。許多人在「退輔會」安排下，於一九五〇年代後期投入島內重大工程建設。其中最具象徵意義者，便是美援下於一九六〇年五月竣工的中部橫貫公路，死傷甚鉅，平均一公里就有一位犧牲者，常視為「榮民」為臺奉獻的重要標記。但比較少人意識到，在「榮民」一詞的光輝背後，卻掩蓋了國家只給予這些勞動者極有限的工安保障、甚至無薪勞動的剝削實況。許多退伍軍人，只以簡單的繩索懸吊於山壁，而未設立任何安全設施，動輒跌落山谷。或是在對火藥、地質條件都不熟悉的情況下，就被迫以高殺傷力的炸藥來開鑿山洞。許多犧牲者相當年輕——一九五八年四月八日在《聯合報》刊載的一則不幸消息，見證了這樣的情況：「橫貫公路本線中段南投縣仁愛鄉合作村石門地方，昨（七日）天又發生一起大慘案。五個開路英雄，因鑿山火藥爆炸，山岩崩塌，逃避不及慘遭活理斃命。本案發生時間係昨天上午十一時四十分，五個死者名單為賴基運（三十六歲、廣東人），管國財（三十一歲、廣東人），許水木（二十三歲、福建人），白真（二十六歲、北平人），周保富（三十八歲、江西人）。據聞：現時已覓獲四具屍體，另一具屍體尚在挖覓中。臺中地檢處據報已派員前往驗屍。」（注32）

很少人會聯想到，這些被送往工地的退伍軍人，也會成為「白色恐怖」的犧牲者。就以中橫為例，兩位年約三十歲、強制退役的軍人薛根全（江蘇人）、白慶武（遼寧人），在生計困難下，被以「榮民」身分轉往中橫鑿路。但一直到一九六〇年竣工之際，兩人遲遲沒有拿到事前允諾的工資。忿忿不平的白慶武，便要識字的薛根全在工地寫下：「親愛的榮民同仁，你們太苦了，來愛護毛主席，打倒革命黨。」、「告知榮民同仁，親愛的榮民同志們，你們大陸來到臺灣，是為了國家，但是現在國家不要你們，叫你們退伍做苦工，有錢得不到，希望愛護毛主席，打倒革命黨。」不料一時憤慨的隨筆，卻導致他們被捕。法庭上，他們不斷聲稱「是對工程隊欠發薪資，激于氣憤所為」，但是軍法官未追究榮工處未發薪水的責任，反在判決書上表示「對工程隊欠發薪資，不循正常途徑報請上級處理」，因此仍視為「叛亂」，同處三年六個月徒刑（注33）。

「榮民」被捕的案例不僅於此。河南人劉定禧於一九四八年投身陸軍，一九四九年來臺，一九五三年便因病退除役，送去花蓮臨時醫院，再轉送高雄的楠梓榮民醫院。他在醫院中，行動備受限制，因此曾跟其他榮民抱怨：「政府不把我們榮民當人看，共匪對軍人好，吃得好又自由……」、「我們處在無能政府領導下，臺灣大門都守不住。」一九五九年的九月，他在醫院廁所寫下「假如總統連任的話，反攻大陸沒有希望」、「榮民醫院變成了榮民公社，控制榮民自由」；一九六〇年十一月在醫院的「介壽堂」門上寫下「蔣介石連任，不能反攻」、「想反攻你會等死」等字句，導致被調查局逮捕。軍法官衡量案情後，在判決書上「同情」地表示，可以理解他「久病不癒，心理未免受影響，因而犯罪，情堪憫恕」，卻仍判了他四年徒刑（注34）。

改革與反抗

倘若當年的軍隊宛若牢籠，難道沒人想起身反抗？當然有。如同戒嚴時期，學生、工人、農民、原住民知青前仆後繼，來自對岸的軍人也不例外。從一九五〇年代開始，陸續有軍人嘗試構思或付出行動，期望改革軍中貪汙、腐敗、黨國不分的亂象。河南來的軍人徐瀛濤（陸軍第九三〇一部隊少尉排長）在日記中寫下準備籌組「熱血青年怒吼團」，於一九五三年判刑十五年（注35）；金門「怒濤軍政學校」的學生們，以河南人晏仲甫為首，於一九五〇年在金門祕密成立「三民主義力行會」，導致多人判處五至十年徒刑（注36）；來自廣西的陸軍二等兵盧奎，曾與另一名河南士兵王連成籌組「精忠隊」，想打倒軍中反動派，卻導致一人死刑，一人無期徒刑（注37）……這都是軍人試圖籌組別於國、共的自主改革團體，導致以「叛亂」罪名處刑的案件。

不過，一些屢經牢獄的外省軍人，仍不懈地投入改革陣營。以山東人蘇兆元為例，他在一九五二年與貴州人丁華新（九〇三七部隊上尉參謀）等人，不滿軍中貪汙與失敗主義瀰漫，在澎湖商議籌組「鐵血救國團」、「復國會」等祕密團體，想要招募志同道合者改革軍隊。不料，政工郝向晴等人，先注意到丁華新的活動，進而誆稱認同理念而參與，導致團體中有超過一半的成員都是軍方眼線。政工鼓動他們寫下宣言與訴求，作為舉發的「罪證」。一九五三年春天，軍方宣判丁華新處死，蘇兆元十五年徒刑（注38）。蘇兆元歷經漫長囚禁，於一九六〇年代末期出獄，以大樓清潔工等勞力活維生。一九七〇年代末期，民主化運動漸起，苦悶的經歷，使他投身為「黨外」助選、擔任「演講會」義工、向朋友推廣黨外雜誌，還呼籲官方要讓外省老兵返鄉探親。一九八二年，蘇兆元等不及政府開放，就準備從東京繞道山東，去見年近古稀的母親。不料，他在東京被捕，送回臺灣，二度以「叛亂」名義在一九八三年裁定三年感訓（注39）。二次出獄後，他仍不懈，又投入「老兵返鄉運動」，並聲援「白色恐怖」平反，不曾因此退卻（注40）。

透過本章的描述，希望扭轉一些民眾對「白色恐怖」常有的誤解。譬如想像「外省軍人」都受到政府良好照顧，全是威權政體的支持者、執行鎮壓的「加害者」。本章也指出，臺灣作為記憶與經驗多元的社會，必須理解戰後所謂「外省人」來臺初期的「離散」之苦，及國家重構下軍人曾有的歷史處境，才會理解為何有大量「外省軍人」因派系整肅、思鄉苦悶、廁所塗鴉、探索思想、乃至於軍中改革被捕。實際上，「外省軍人」在白色恐怖的受害甚深。唯有理解這一點，才能使「戒嚴史」的圖像更完整，並理解戰後「離散者」與國家間愛恨交織的歷史糾葛。

參考資料

- 張蘊智，《小人物自白》，臺東縣立文化中心，一九九六。
- 戒嚴時期海軍蒙冤退役袍澤聯誼會編，《中華民國海軍蒙冤退役袍澤蒙冤事實陳述書彙編》，編者自印，一九九九。
- 王甫昌，《當代臺灣的族群想像》，群學，二〇〇三。
- 馮馮，《霧航：媽媽不要哭》，文史哲，二〇〇三。
- 張茂桂編，《國家與認同：一些外省人的觀點》，群學，二〇一〇。
- 中國近代口述史學會編，《唐德剛與口述歷史：唐德剛教授逝世周年紀念文集》，遠流，二〇一〇。
- 林孝庭，《意外的國度：蔣介石、美國、與近代臺灣的形塑》，遠足文化，二〇一七。
- 國家人權博物館，《「獄中『再叛亂』案」真相研討會論文集》，國家人權博物館，二〇二〇。

注釋

1 關於四大族群的分類成因，請參考王甫昌，《當代臺灣的族群想像》，群學，二〇〇三。

2 關於韓戰促成美國保衛臺灣，請參考林孝庭，《意外的國度：蔣介石、美國、與近代臺灣的形塑》，遠足文化，二〇一七。

3 此語出自張茂桂。見張茂桂編，尚道明等人著，《國家與認同：一些外省人的觀點》，群學，二〇一〇。

4 見一九五二年二月二十五日《國防部軍法局魏濟民等案判決書》（國防部判決四十一年度防隔字第二十七號）。

5 例如一九五一年，海軍總司令桂永清，將涉及咸寧艦、重慶艦、永康軍、信陽軍、永清軍、二十九號軍艦等船艦的鄭平、岳誠、曲修奎、龍啟浩、孫玉珍、吳貫三、劉鑄九、王江水、劉柏銘、麥煥坤、馬淑清、方志澄、方志剛、倪穎、謝志庭共十五人，呈請總統蔣介石後，裁示祕密處決。

6 見海軍政治犯張家林口述，〈白色恐怖下的倖存者：臺灣老兵張家林〉，收錄在《唐德剛與口述歷史：唐德剛教授逝世周年紀念文集》，中國近代口述史學會編，遠流，二〇一〇。

7 見戒嚴時期海軍蒙冤退役袍澤聯誼會編，《中華民國海軍蒙冤退役袍澤蒙冤事實陳述書彙編》，編者自印，一九九九。

8 見馮馮，《霧航：媽媽不要哭》（全三冊），文史哲，二〇〇三。

9 見一九五六年九月七日《國防部軍法局郭廷亮等案判決書》（國防部判決四十五年度典具字第二十號）。

10 見一九五三年九月十四日《國防部軍法局段澐等案判決書》（國防部判決四十二年度廉度字第六十五號）。

11 見一九五一年一月九日《國防部軍法局李玉堂等案判決書》（國防部判決（40）勁功字第二百六十九號）。

12 見張蘊智，《小人物自白》，臺東縣立文化中心，一九九六。

13 見林傳凱，〈在火燒島煉鋼，直至殞落－重探「綠島新生訓導處再叛亂案」（一九五三－一九五六）〉，收錄在《國家人權博物館「獄中『再叛亂』案」真相研討會論文集》，國家人權博物館，二〇二〇。

14 見一九五九年九月十日《國防部軍法局楊希鳳等案判決書》（國防部判決四十八年度覆高敷字第五十號）。

15 見一九五六年十二月十五日《馬祖守備區指揮部軍法處魯精華案判決書》（馬祖守備區指揮部判決書四十五年度理覆字第〇七〇〇號）。

16 見一九六一年七月二十日《警備總司令部軍法處黃仁亞案判決書》（臺灣警備總司令部（50）警審特字第三十一號）。

17 見一九五七年四月十四日《金門防衛司令部劉漢良案判決書》（金門防衛司令部判決四十六年度鍊判字第二十七號）。

18 見一九五八年六月十一日《陸軍總司令部軍法處李日盛案判決書》（陸軍總司令部判決四十七年度理判字第二百五十號）。

19 見一九六四年《陸軍總司令部軍法處芮全定案裁定書》（陸軍司令部（53）覆判字第二百一十五號）。

20 見一九五五年十一月二日《陸軍聯勤總司令部軍法處李文鈞案判決書》（聯合勤務總司令部判決四十四年法判二千三百八十七號）。

21 見一九六六年五月十三日《陸軍第二軍團司令部劉振華案判決書》（陸軍第二軍團司令部判決五十五年度審字第一百八十一號）。

22 見一九六六年六月十日《空軍總司令部軍法處張金霖案判決書》（空軍總司令部判決五十五年度吉鋼判字第十五號）。

23 見一九五四年五月四日《陸軍總司令部軍法處高立福案判決書》（陸軍總司令部判決四十三駕晶字第零八九號）。

24 見一九五四年九月七日《保安司令部軍法處吳斌雄案判決書》（臺灣省保安司令部判決(43)審三字第一百零七號）。

25 見一九五七年八月二十日《陸軍九四零四部隊軍法庭酈先貴案判決書》（九四零七部隊四十六年度守戰端字第二百三十號）。

26 見《郭振邦訪談錄》，作者自訪，未刊稿。

27 見一九六〇年十月八日《臺灣警備總司令部軍法處雷震等案判決書》（國防部判決四十九年度覆高淦字第六十八號）。

28 「祝壽專號」發行於一九五六年十月三十一日，為自由派人士利用蔣介石七十歲生日時，在媒體上聲稱歡迎各界建言的機會，集結特刊，提出建立民主政治制度、扶持有力反對黨、有效保障言論自由、軍隊國家化、司法獨立、教育正常化、從速召開反共國是會議等訴求。此刊發出後，使這群自由派知識分子與蔣介石的矛盾日深，最終成為雷震、傅正等人被捕的主因之一。

29 見一九六五年十一月四日《國防部軍法局吉天才案判決書》（國防部判決五十四年覆普審字第一百一十六號）。

30 見一九六六年六月十一日《金門防衛司令部軍法處莫丕武案判決書》（金門防衛司令部判決五十五年宜判字第零一六號）。

31 海軍之所以稱「流氓兵」，一種詮釋是：海軍常年在同艦生活，感情甚篤。若有單一海軍在外遭遇衝突，幾乎全船都會「情意相挺」，甚至演變為群毆，故有此說。

32 見一九五八年四月八日《聯合報》第三版。

33 見一九六二年一月五日《警備總司令部簡易審判庭白慶武等案判決書》（(50)警審特字第五十二號）。

34 見一九六二年六月二十七日《警備總司令部劉定禧案判決書》（(51)警審特字第六十四號）。

35 見一九五三年十二月十八日《國防部軍法處徐瀛濤案判決書》（國防部四十二年度廉度字第二百九十五號）。

36 見一九五一年八月九日《保安司令部軍法處晏仲甫等案判決書》（臺灣省保安司令部（40）安潔字第三千零二十九號）。

37 見一九五四年一月五日《國防部軍法局盧奎等案判決書》（國防部判決四十二年度廉度字第三百零五號）。

38 見一九五三年十二月六日《國防部軍法局丁華新等案判決書》（國防部四十二年度廉度字第二百七十九號）。

39 見一九八三年十一月二十五日《警備總司令部軍法處蘇兆元案裁定書》（臺灣警備總司令部裁定七十一年障裁字第十九號）。

40 關於蘇兆元的詳細生平，可見林傳凱，〈由「鐵血救國團」到「返鄉運動」—由一位「二進宮」老兵政治犯看戰後社會變遷（一九五〇—一九八〇）〉，發表於國史館《威權鬆動：解嚴前臺灣重大政治案件與政治變遷（一九七七－一九八七）國際學術討論會》，二〇二〇。近日將改寫為專書一章。

第八章

兩個世代的原住民族案件

文／高毅

◎「日語世代」及「華語世代」兩個世代的原住民族案件，分別蘊含什麼意義？

原住民族定居在臺灣的時間點，遠早於每一個在臺灣建立的政權。然而，這些對於原住民族而言屬於「外來」的政權，以及其招募或自行前來的漢人墾殖者，先是為了取得土地、開發資源，用盡威脅、利誘、詐欺，甚至武力征伐等手段，原住民族別無選擇，只得向內山步步退守。到日本殖民統治時期，終於被現代國家全面併入，接受國民教育，學習國語（包括日語及華語）；強迫移住，離開原居地；嘗試定耕農業，被禁止舉行歲時祭儀等，改變原來的生活方式。不僅如此，漢人墾殖者數百年來大量繁衍生息，使得原住民族反而變成人口上的少數，並且遭受主流社會歧視。換句話說，臺灣開發史的另外一面，就是原住民族的土地、語言、文化的流失，以及族群認同被汙名化的歷史。

因此，原住民族生活在漢人優勢的社會中，總是不得不思考如何促進自身族群的生存及延續；關於原住民族案件的成因，也並非單純涉及左翼／右翼或統一／獨立的政治意識形態的問題，不能也不應一律標籤化為「叛亂」，而有特別獨立加以探究的必要。以下將以一九五〇及一九七〇年代的兩起原住民族案件為例，說明成長於日本殖民統治時期的「日語世代」及成長於戰後的「華語世代」原住民族，分別面臨了不同的困境／機會，卻因為威權統治的壓迫，失去了行動的空間。此處所謂的不同，一方面指的是兩個世代各自處於不同的時空環境，因此各自有其所關心的議題；另一方面，也是指他們與漢人不同的政治、社會、經濟處境。

日語世代

林瑞昌（泰雅族人）及高一生（鄒族人）均為日本殖民統治時期總督府所培養的原住民族菁英。林瑞昌之父為三峽大豹社頭目，率領族人抗爭失利，被迫遷徙至桃園大溪地區。部落歸順後，林瑞昌被選中接受近代教育，最終自臺灣總督府醫學校畢業，返鄉擔任公醫。高一生則在父親因意外去世，母親依習慣再婚後，因成績優異，被日籍警部收養，得以升學至臺南師範學校，畢業後返鄉任教，並兼任巡查。

一九三〇年發生的霧社事件，使得總督府向來的「理蕃」政策受到嚴峻挑戰。總督府於檢討後提出了新方針，欲將原住民族積極改造為天皇臣民，指導其耕作水稻、改善風俗習慣，以及普及「國語」（日語）等。為了落實新的治理策略，警察機關挑選了多位原住民族的「先覺者」作為協力者，並且召開「高砂族青年團幹部懇談會」，引導成員彼此交流與競爭，林瑞昌與高一生均在其中。這批原住民族青年，也因此建立了跨部落、跨族群的人際網路。

雖然日語世代的原住民族菁英在地方上有機會擔任總督府協力者的角色，不過這種程度的參與，仍無法比擬在體制內佔有一席之地。尤其，直到日本結束殖民統治，絕大多數原住民族居住的地區都是稱為「蕃地」的特殊行政區域，不像漢人聚居的街庄，在一九三〇年代後半曾舉辦過數次地方議員選舉。因此，原住民族根本沒有任何在體制內影響政策形成的機會。

二戰結束後，臺灣成為中華民國的一個省。國民黨政府選擇依循其統治中國大陸邊疆地區的經驗，利用「地方自治」來迴避「民族自治」可能導致國家分裂的潛在危險，將「蕃地」改編為山地鄉，先指派日語世代原住民族菁英擔任地方行政首長，同時如同其他平地鄉鎮，準備過渡到選舉地方首長及民意代表的階段。

但是日語世代的原住民族菁英的理想，並不是與平地相同的「地方自治」就能滿足的。高一生曾試圖串連其他各族代表共同商議「高山自治區」的構想，謀求建立「高山族是真正主人翁的區域」，以「一切自主的方式，從事山地區域的自治建設」。林瑞昌亦曾領銜向省政府陳情，希望可以重返過去因總督府討伐而失去的傳統領域。而且，他們是本著「民族平等」及「民主主義」等新政權對其人民所做出的承諾，為原住民族爭取更多空間。然而他們的行動，時值二二八事件及清鄉過後不久，島內氣氛肅殺，並未獲得省政府正面回應。不過他們仍然把握這個日治時期所沒有的機會，林瑞昌當選了省級民意代表；高一生則當選了鄉長，在體制內獲得了位置。

另一方面，中國共產黨亦接觸原住民族，企圖建立統一戰線，原住民族便就此捲入了國共之間的鬥爭。一九四六年五月，中國共產黨臺灣省工作委員會（以下簡稱「省工委會」）成立，雖然根據中共黨中央的規劃，「展開高山族工作」一開始就是主要任務之一，不過初期省工委會尚無能力執行。直到一九四八年五月至六月間，省工委會幹部在香港舉行會議，判斷二二八事件後的臺灣社會情勢有利於革命，決議積極發展，由簡吉、陳顯富負責推動高山族工作。必須留意的是，從省工委會的文件〈關於高山族工作〉可知，儘管其高山族工作打著「民族自決、自治」的旗號，實際上只是為了動員原住民族與臺灣漢人共同反對國民黨統治而已，並不希望原住民族的政治意識進一步發展成分離主義。

一九四九年夏天，在陳顯富邀約下，林瑞昌、高澤照（泰雅族人）及湯守仁（鄒族人）曾在臺北川端町「月華園」與簡吉會晤兩次。事實上，林瑞昌在接獲邀約後，曾主動向保密局組長黃朝君報告，並在黃朝君指示下，為了打探簡吉等人動向而赴會。

隨後在一九四九年的九或十月之間，省工委會轄下「山地工作委員會」正式成立，簡吉任書記，陳顯富則是委員之一。但保密局已於一九四九年八月破獲省工委會刊物《光明報》，導致省工委會多個分支組織相繼曝光，許多幹部選擇逃亡至阿里山。一九五〇年一月，省工委會書記蔡孝乾也進入阿里山，並要求湯守仁召集鄒族領袖在樂野村「西神家」開會，此次高一生也與會，但是高一生只是表達自己對於解放後是否會失去什麼的疑慮，湯守仁欲切入正題時，高一生便反對繼續討論，會議至此結束。

蔡孝乾下山返回臺北後一度落網，旋即脫逃，後於一九五〇年二月間再度前往阿里山，並指示成立「阿里山武裝支部」。一九五〇年三月初，保安司令部和防衛司令部聯合進行全省山地清查，阿里山武裝支部即停止活動並疏散。後來省工委會的領導人物及高山族工作的要角簡吉、蔡孝乾於一九五〇年四月底先後被捕，陳顯富也在一九五〇年七月十日落網。保安司令部持續循線追捕尚躲藏在阿里山的山地工作委員會成員許石柱時，掌握到其弟劉水龍負責阿里山與平地間的物資供給，並於一九五〇年十月初在嘉義市將之逮捕。劉水龍供稱高一生、湯守仁在阿里山上私藏二二八事件時奪得大批武器，準備將來在中共攻臺時做內應，保安司令部大為震驚，成為日後高一生、林瑞昌等人遭到整肅的導火線。

然而，保安司令部未能從其他同案共犯得到高一生、湯守仁被吸收入黨的確證，又尚未摸透高一生、湯守仁在地方上的實力如何，於是判斷「阿里山問題須用政治方式解決，否則可能引起激變」。因此，保安司令部讓高一生和湯守仁辦理自新，隨同特務返回阿里山協助肅清潛藏在山中的省工委會成員，並且繳出大量武器以換取實物補貼。表面上，保安司令部擺出寬大姿態，以籠絡鄒族人，背地裡卻悄悄地在高一生、湯守仁身邊佈下了綿密的監視網。

一九四七年二二八事件平息之後，臺灣全省警備司令部感於事件當時未能掌握山地的正確情報，即開始積極在山地建立情報網，成立專責蒐集山地情報的諜報組。在國共鬥爭白熱化，國民黨在臺灣重新建立政府後，可能是得知省工委會成員潛逃阿里山之故，蔣中正於一九五〇年六月主動指示國防部安排山地警戒實施成效考察。考察進行期間，蔣中正又要求加強山地警備，由保安司令部在山地鄉籌設「山地治安指揮所」，國防部可透過層層的指揮鏈，經由山地治安指揮所，使命令下達至最基層的地方政府及警察。一連串升級警備，初時重點在於掌握潛藏於山地的滯臺日本人動態，到了一九五〇年，防範的對象已轉變為山地潛藏的「匪諜」。國民黨政府的本意並非特別提防原住民族，而是借重原住民族組織「山地青年服務隊」，成為一支輔助軍、警維護山地治安的武力。

甫設立於阿里山的吳鳳山地治安指揮所便培養線民，其中也包括鄒族人，蒐集山上的風吹草動，不時回報給保安司令部。此外，另有中國東北出身，懂日語的特務步凱，被安排至湯守仁在嘉義市開設之高興企業行工作，就近監控並定期彙報。除了以上兩類情報來源以外，加上原本就負責嘉義地區的保安司令部第九諜報組，以及警察機關（受保安司令部指揮），共同構成這張監視網。

縱然前述眾情治機關留下了為數甚多的監控檔案，但直到一九五二年三月為止，並未發現任何其他更值得追查的相關情報與關係人，反而得到了多項高一生疑似有貪污和侵占行為的情資，主要是涉及新美農場以及鄉農會的弊案。

新美農場是高一生引導族人轉型，以農業換取穩定收入、改善生活的一次嘗試。在林瑞昌的協助下，這個計劃獲得了國民黨政府的支持，由土地銀行貸款五十萬元作為開發經費，國民黨政府也利用這個機會做政治宣傳。不料數月後農場面臨經營危機，引來保安司令部及省政府民政廳、農林廳會同調查。調查結論認為，貸款及補助的穀種遭到高一生等人侵占，並渲染成國民黨政府「山地行政」的障礙，造成其與原住民族之間信任關係受損。至於鄉農會部分，則據線報稱該會所領得應配發農民的肥料及生產貸款，不僅沒有配發還被農會的幹部變現侵占。

一九五二年二月間，保安司令部決定以軍法處置高一生及相關的幹部杜孝生（鄒族人，高一生同母異父弟）等四人。一九五二年四月十九日，保安司令部突然接到總統府機要室資料組來文。原來林瑞昌一九五二年三月時被保密局約談，自承其受山地工作委員會的宣傳後，「對共黨表示同情，即開始與共黨發生關係」，保密局認為已構成陰謀顛覆政府，總統府機要室資料組應保密局的請求，命令保安司令部逮捕林瑞昌送保密局法辦。但保安司令部則以懷疑林瑞昌也是侵占新美農場貸款的共犯之一為由，選擇將林瑞昌併入既有的貪污案一起處理。

一九五二年八月十五日，總統府機要室資料組又再度來文，表示應保密局要求，命令保安司令部一併逮捕曾出席月華園會議的高澤照。一九五二年九月九日，高一生、杜孝生等人接到即刻下山參加「山地保安會議」的電話，眾人隔日便搭火車下山，一下車竟立刻遭到逮捕。而湯守仁此時則因保安司令部判斷屬於高一生的「黨羽」，為防止「意外」，已經交由嘉義縣警察局及吳鳳治安指揮所「控制」，於一九五二年九月十一日也被移送保安司令部，並且在特務面前說出了一九五〇年自新當時沒有供出的「關係人」。

此後眾人的命運急轉直下，高一生及湯守仁被認為自新不誠，淪為叛亂犯。最終高一生、湯守仁、汪清山（鄒族人）、方義仲（鄒族人）、林瑞昌、高澤照，一共六人因叛亂罪判處死刑，武義德（鄒族人）判處無期徒刑。至於杜孝生、廖麗川（漢人）兩人，則分別因貪污及圖利罪判處有期徒刑十七年及十年。

以上敘述的經過，均是整理自現存檔案記載的內容，然而，現存檔案也顯示這兩個案件其實疑點重重。首先，涉嫌叛亂案的每一個人都沒有被吸收入黨的明確證據，甚至還有被捕的山地工作委員會成員提供了完全相反的證詞，表示高一生、湯守仁「不是共產黨，他們是法西斯主義者」。況且，林瑞昌可能為求自保，早已向保密局報告過月華園會議的事；高一生在西神家會議上提出的疑慮，顯示他更傾向維持現狀，可見兩人都沒有放棄自己爭取到的位置，與國民黨政府決裂，完全倒向省工委會一方的意思。再者。此前已有眾多省工委會、山地工作委員會或是阿里山武裝支部的成員遭到逮捕，對於情治機關而言，高一生等人還能夠隱瞞什麼事，令人費解。貪污案的部分，關於那些據說被侵吞的款項或實物，其實軍事審判官都沒能查出最終的流向，而且關鍵的帳冊也沒能取得，憑所有的證據，充其量只能說是這些東西「不見了」，但未必就能得出「被侵占」的結論。結果，所謂的貪污案看起來只是讓保安司令部能夠師出有名，先行發動逮捕，再從眾人口中取得追訴叛亂案材料的計策而已。

懷有崇高自治理想的日語世代原住民族菁英，在戰後終於有機會名正言順登上政治舞臺。縱使他們處在國共雙方競相爭奪其政治忠誠的十字路口，採取相對謹慎的行動，單單只是據檔案記載省工委會曾與之接觸過，對於國民黨政府而言已經是「求其生而不可得」的滔天大罪，無法見容。在省工委會邀約下所召開的兩場可說是根本沒有共識的會議，終致這批政治遊戲的新手，未及親自實現政治理想，生命即以悲劇收場。

此後，據檔案記載山地工作委員會曾接觸的其他原住民族青年，包含林瑞昌的姪子林昭明在內，亦因「蓬萊民族自救鬥爭青年同盟案」在一九五四年以叛亂罪判刑；至一九六〇年代又從該案衍生出「邱致明案」、「山防隊案」等案件，致桃園、新竹等地的泰雅族青年遭逮捕下獄。

這一連串的震撼教育，造成原住民族的政治發展斷裂。除了同情者因恐懼而噤聲以外，選舉制度極度不利於未受國民黨支持者，亦是原因之一。最基層的鄉級行政首長或民意代表選舉，選區即為整個山地鄉，而其面積往往比平地鄉鎮廣大；若是省級民意代表選舉，由於選區不是依照地理界線劃分，而是以選舉權人是否具原住民族身分為準，理論上選區範圍更是涵蓋整個臺灣省，因為各地都可能有原住民族。僅有國民黨擁有能夠在如此遼闊的選區從事競選活動的資源，因此原住民族若不依賴國民黨提名或支持，便難以成功當選，使得國民黨與原住民族政治人物之間的恩庇侍從關係特別穩固，類如林瑞昌、高一生的政治菁英後繼無人。

華語世代

一九七〇年代，臺灣已歷經中華民國統治約二十年左右，在此期間成長、受教育的原住民族形成了「華語世代」，他們擁有不同於上一個世代的生命經驗，也因而具有不同的關懷。這起案件的主角們，並不以政治為業，沒有政治權力，可以說只是小人物，所以他們在意的是原住民族受到當時外在環境變動影響，在社會、經濟、文化等各個層面所面臨的困境，這些都是與每一個尋常的族人最切身相關的問題。

一九七四年十月二十六日的晚餐時分，花蓮新城的大陸飯店老闆向警方報案，兩名青年到其店內用餐，餐後卻無錢付帳。這兩人分別是呂文華、杜文義（均為太魯閣族人）。在問答間，杜文義自稱當晚稍早在太魯閣長春橋上被發現的「反動標語」就是他們兩人所為。自一九七〇年十一月開始，花蓮縣已發生十餘起類似事件，卻遲未破案，由於事涉敏感，兩人隨後被送往縣警局偵訊。呂文華身上被搜出數封陳道明（同為太魯閣族人，當時就讀於臺北醫學院醫學系）寄來的信，縣警局訊後認為陳道明涉嫌組織「臺灣山地獨立運動組織」，指使呂文華、杜文義張貼反動標語，並通知臺灣東部地區警備司令部。

因為相關涉案人等多在臺北，縣警局又將兩人移送臺北的警政署繼續偵辦。警政署向國家安全局（前身為總統府機要室資料組）報告偵辦經過，國安局指示「協調有關單位徹底偵究」，於是在警政署主持下成立了「協靖專案」，參與的機關單位除了警總、調查局、臺北市及花蓮縣警察局、國防部總政治作戰部、教育部人二室外，還包括了國民黨青年工作會及北區知青黨部等黨組織。經過三次會議，「協靖專案」一共清查了六十五名「涉嫌對象」。最後國安局指示：陳道明「寬大處理，飭密辦自首後繼續列考，並加以縝密運用」；呂文華、杜文義、秋賢嘉、鄭榮祥、詹登貴五人「應移送法辦」。

陳道明和秋賢嘉（泰雅族人）兩人的事蹟，正能凸顯當時部分華語世代原住民族菁英的所思所為。根據起訴書的指訴，秋賢嘉「於民國六十一年（一九七二年）間，經陳道明誘惑參加『臺灣山地獨立運動組織』，並經常集會研討叛亂事宜⋯受命將有關山地黑暗內幕，在報章雜誌揭露，曾先後在《先鋒論壇》、《國峰快訊》等雜誌發表〈山地社會的種種〉、〈從質押童工說起〉、〈小山地的心聲〉等文章，企圖打擊政府威信。」

秋賢嘉確實擁有一支健筆，他之所以與陳道明相識進而合作，也正是因為他寫的文章。一九七二年九月，秋賢嘉所寫的〈山地．平地〉刊登於《聯合報》副刊。秋賢嘉寫道，這個社會加諸在原住民族身上的「山地同胞」、「番仔」等標籤難以撕除，不過他認為比起平地人那種「有『倒回野蠻』的趨向」的生活方式，他反而慶幸自己「是維護道德文明的山地同胞」。陳道明讀了秋賢嘉的文章後，深有他鄉遇故知之感，便立刻聯絡秋賢嘉，兩人見面後相談甚歡，此後便經常在陳道明的租住處談天說地，陳道明並鼓勵秋賢嘉繼續投稿。

此後，陳道明和秋賢嘉透過與出身臺中梨山的泰雅族人林清亮（後來當選臺中縣議員）的關係，在其出資一部分的《先鋒論壇》開闢「山地問題專欄」，以秋賢嘉和「曉珊蒂」（諧音「小山地」）的名義，自一九七二年十月起發表了一系列文章。一九七三年二月，他們又成功在《國峰快訊》開設專欄，由秋賢嘉以「秋楓」為筆名，連載〈一個山地人的心聲〉。後來他們更進一步向甫當選增額立委的華愛（排灣族，「自由地區山胞」選區）建議籌辦一份「山地人的報紙」，但隨著秋賢嘉因兵役問題入監服刑，陳道明又功課繁忙，遂無疾而終。

秋賢嘉的文章反映了當時原住民族所遭遇的激烈變化。一九五〇年代中期開始，農復會已在美國專家的指導下展開了山地農業、林業、園藝資源調查，為了開發這些資源，闢建三條東西橫貫公路，以及花東地區的產業道路，一九六〇年代起陸續通車，交通條件的改善，使得原住民族與平地人的交流更為頻繁。此外，一九五〇至一九六〇年代的保留地編查作業，確定了原住民所使用的保留地的所有權範圍，同時允許非原住民申請租用或使用保留地，保留地成為可在市場上交易的私有財產。再者，一九六〇年代國際分工體制變動，使臺灣開始承接從美國、日本等先進國移出的勞力密集產業，經濟政策轉為發展出口導向的製造業，並吸納已過剩的農村勞動力，而原住民族亦順著這股推力，大量前往都市，出賣勞力換取貨幣。以上種種結構變化都使得原住民族更為快速且深刻地鑲嵌進平地的資本主義經濟體系。

原住民族在學習使用貨幣、進入市場交易的過程中，也因此陷入了不適應的症狀及價值真空的困境。例如多數的工資均用於消費，而非儲蓄及投資，若欠下債務則以私下轉賣、轉租保留地給漢人來填補；原住民婦女至平地從事性交易，兒童被「抵押」至平地工廠做童工或私娼寮的雛妓，淪為人口販運的被害者；到都市求學、討生活的原住民族，不得不面對平地人的種族歧視等。

陳道明和秋賢嘉對於原住民族在經濟型態轉變過程中的不適應症狀的診斷，是原住民族生活的進步只偏於物質文明一方，卻忽略精神生活與文化的發展不均衡所導致。例如山區缺乏娛樂設施，只能到平地消費以滿足需求；原住民族也缺乏發表言論的園地。山地的人口販運，往往是家長甚至村長，受到「平地莠民」的花言巧語誘惑，為了換取金錢而將子女送往平地從事性交易或做童工。這類事件經過報章披露，又回過頭來使得流向都市求學、求職的原住民族，身處遭受外人指摘的第一線，產生自卑感。

秋賢嘉寫出了同世代的原住民族菁英，既目睹部落逐漸資本主義化，自身可能也在都市面對被歧視的苦悶。他慣以「山地人」作為主語，並不是特別指稱哪一個族群、哪一個部落的個人，而是代表了華語世代原住民族自覺彼此在社會上都處於相同的位置，而產生跨族群、跨部落的一種認同。然而，秋賢嘉應該想不到，後來竟因言賈禍。

針對起訴書的指控，秋賢嘉在審判中具狀答辯，表示他在警政署接受偵訊時遭到辦案人員詐欺才自白犯罪，並非出於自由意志，應加以調查；何況他與陳道明認識、來往，不過才三、四個月，尚難深入了解彼此，遑論被說服加入「山獨」組織，也沒有允諾加入組織的記憶；而他寫文章「以山胞生活習慣、習性、民風等據實撰寫」，目的乃是「為清潔當時山地歪風，刺激山胞人人自省與奮發」，並非受命於陳道明而刻意發表文章揭露山地貧困與黑暗面。可以想見秋賢嘉的答辯未能獲得軍事審判官採信，幸而被起訴的五人均依《懲治叛亂條例》或《刑法》相關規定減處，並適用蔣介石逝世後制定的《中華民國六十四年罪犯減刑條例》，再減刑三分之一。秋賢嘉以參加叛亂組織罪判處有期徒刑四年。他雖聲請覆判，仍被駁回，就此定讞。

事件之後，秋賢嘉就此封筆，不再發表文章；陳道明仍然關心原住民族的困境，參與了一九八〇年代的「原住民族運動」，並且曾經擔任「臺灣原住民（族）權利促進會」副會長（注1）。據陳道明事後回憶，「山獨」案當時，曾與他接觸過的原住民族知識分子，幾乎都被情治機關帶去問話，他因此感嘆道「這一問又使原住民噤若寒蟬十年」。

此言似乎不假。就原運也關心的雛妓、歧視等問題，以及喚醒跨族群的意識而言，秋賢嘉十足是早發十年的先行者；再加上一九六〇、一九七〇年代之交，來到都市的原住民日益增加，並有長老教會設立的「山地服務中心」、「山地學生中心」，作為他們居住、交流的據點，在都市求學的原住民大學生更組織了「旅北山地大專基督教青年聯誼會」，陳道明即曾任該會會長。秋賢嘉、陳道明兩人合作，可謂思想的指導者以及組織網絡俱備，如果當時能夠成功串連，也許原運真的可能提前十年發生，可惜這株初冒的新芽終究無力抵抗威權的無情摧折。

參考資料

• 吳叡人，〈「臺灣高山族殺人事件」：高一生、湯守仁、林瑞昌事件之政治史的初步重建〉，《二二八事件六十週年紀念論文集》，臺北市文化局、臺北二二八紀念館出版，二〇〇八。
- 范燕秋，〈日治後期臺灣原住民族的近代變遷與族群菁英的政治活動：以泰雅族樂信・瓦旦和鄒族吾雍・亞達烏猶卡那為中心〉，《高一生（矢多一生）とその時代の台湾原住民族エリート：高一生生誕 100 周年記念国際シンポジュウム報告者論文集》，二〇〇八。
- 陳中禹，〈中央政府遷臺後山地警備體系的建立（1949-1951）〉，《中華軍史學會會刊》，二〇一四。
- 陳中禹，〈從檔案看原住民政治受難個案：以「湯守仁叛亂案檔案」為中心〉，《檔案季刊》，二〇一五。
- 林傳凱，〈戰後臺灣地下黨的革命鬥爭（1945-1955）〉，國立臺灣大學社會學研究所博士論文，二〇一八。
- 顧恒湛，〈再殖民、地緣政治與抵抗：戰後臺灣原住民族形塑之研究（1945-1984）〉，國立政治大學臺灣史研究所博士論文，二〇一九。

注釋

1 多數的說法認為，一九八四年末臺灣原住民（族）權利促進會成立後，主導了一九八〇年代中期至一九九〇年代中期間組織化的原住民族運動，其初期成員主要來自創辦《高山青》的臺灣大學原住民學生、「黨外編輯作家聯誼會」下「少數民族委員會」成員、臺灣基督長老教會牧師和玉山神學院學生等。臺灣原住民（族）權利促進會於前述期間發起的集體行動略有：正名運動（憲法運動）、救援雛妓、破除吳鳳神話、反挖掘東埔祖墳、紀念霧社抗暴事件、還我土地運動等等。

第九章

馬祖列嶼的「前線白色恐怖」

文／林傳凱

島群的政治軌跡

今日，許多人稱臺灣是一個「海島社會」，由眾多島嶼組成。但是，比較少人意識到，今天將臺灣稱為「本島」，將周圍的澎湖、金門、馬祖、綠島、蘭嶼、小琉球、龜山島稱為「離島」；或是將金門、馬祖稱為「前線」，或將包括綠島、蘭嶼在內的花蓮與臺東（昔日還包括宜蘭）稱為「後山」的這種空間觀，本身就是非常「政治」的產物。換言之，我們今天感知的空間脈絡（space context），絕非一種中性、未經人為介入的自然狀態。那麼，島與島的關係，經歷了什麼樣的曲折軌跡？又與戒嚴體制存在怎樣的關聯？

無論是「本島——離島」或是「前線——後方」這樣的空間觀，都必須從一九四九到一九五〇年的關鍵轉折談起。一九四五年，第二次世界大戰結束，雖然國民黨政府派員「接收」曾作為日本殖民地達半世紀的臺灣，但在一九四五至一九四九年期間，卻只建立了一個微弱、無能妥善統治本地社會的「省級政府」——先是一九四五至一九四七年夏天的臺灣省行政長官公署，稍後是一九四七年改制後的臺灣省政府。到了一九四九年秋冬，對岸的戰況日益明朗，國府中央敗給了共黨，大勢已定，迫使國府中央於一九四九年底在倉促之際，將殘存的黨政軍勢力遷入臺灣重整，視臺灣為「最後的根據地」。同時，二戰結束後，曾一度為中華民國重要「盟友」的美國，卻對於戰後日失民心的蔣介石領導集團感到失望，在外交、財政、軍事上陸續減少了援助，甚至打量在中國境內尋找「蔣集團」以外的「反共盟友」。因此，當國府中央在一九四九年遷入臺灣的岌岌可危之際，美國總統杜魯門（Harry S. Truman）卻於一九五〇年一月五日發表演說，表示美國絕對不會介入臺海事務，不會援助臺灣島上的國府（注1）。

不過，這一切事態卻在一九五〇年六月爆發了「韓戰」後急遽扭轉，深刻改變了國民黨政府、臺灣、以及周邊島嶼的命運。一九四九年十月後，美國一度嘗試循當時流行的狄托主義

（titoism）（注2），想要拉攏新成立的中華人民共和國路線，使其立場不要過於親近蘇聯。但這樣的懷柔心態，直到「韓戰」爆發後才宣告幻滅——中華人民共和國以「抗美援朝」為名，調動大批士兵，援助位於朝鮮半島北方的朝鮮民主主義人民共和國；至於美國為首的聯合國軍，也於六月參戰，派兵援助半島南側的大韓民國。正式開戰後，杜魯門才不得不修正原本對於東亞局勢的樂觀期待——共黨在東亞擴張的速度，遠比美方想像得更快，再也無法通過「懷柔」的外交政策加以緩解。一九五〇年六月，杜魯門總統修正了政策，隨即派遣軍力強大的第七艦隊（United States Seventh Fleet）進入臺灣海峽，防止共軍蠢蠢欲動的攻臺行動。

在當年的軍事脈絡下，美國擁有全世界最先進而精良的設備艦隊，遠遠超過中共草創的海軍實力。因此，當美軍介入後，等於宣告中共渡海攻臺的計畫就此幻滅。此舉，終使臺灣島上的國民黨政府得以喘息，也使得國共隔海對峙數十年的局勢由此展開。在臺灣島上，解除了「外患」的國民黨政府，終於可以有恃無恐的進行島內整肅。因此，雖然今日常說臺灣島內的戒嚴，於一九四九年五月便開始，但實際上「白色恐怖」邁向高峰的時刻，卻是在一九五〇年六月「韓戰」後，此時判決數量與槍決人數明顯地大幅上升。與此同時，國府也開始重構了以臺灣為「本島」，而鄰近的島嶼則稱為「離島」的空間結構，逐漸演變成大家今日所熟悉的島與島的關係。

一九五〇年後，當臺灣成為政府口中的「本島」或「反共基地」時，周圍的每個島嶼，無論昔日與臺灣的距離遠近，一旦被稱為「離島」後，命運從此都改變了。

當然，「戒嚴」涵蓋了複雜向度。但是，即便我們只鎖定與「白色恐怖」或「軍事管制」有關的面向，迅速概覽，也可以看見牽動的複雜軌跡——綠島，先後成為「新生訓導處」與「綠洲山莊」兩個政治犯囚禁地的所在地；小琉球、蘭嶼，則設立警備總司令部的職訓隊，其中小琉球的「職訓第三總隊」更成為政治犯囚禁期滿而「不合格」時的延長感訓地；澎湖，曾作為海軍白色恐怖的重要訊問地點；龜山島，於一九七七年被劃定火砲射擊區，強迫居民遷村，後裔至今仍無法回到先祖生活的故鄉。至於金門、馬祖更一躍成為「前線」。此時所謂的「前／後」指的是接近對峙的中華人民共和國的遠近。距離福建沿海最近的馬祖、金門，便在這樣詭譎的轉折中成為「前線」，從沿海貧窮的漁業聚落或商業節點，一躍成為「冷戰」下國共對峙的交戰最前端。

因此，即便在「冷戰」與「國共對峙」的架構下，馬祖與金門的經歷，與「後方」的臺灣的狀況也不盡相同。更緊迫的戰爭感、更強的監控制度、更深入的日常管制、甚至是對臺灣民眾來說相當陌生的「以軍領政」的實驗戰地政務（一九五六至一九九二）的特殊行政設計，都打造了相對不同的「戒嚴」與「白色恐怖」經驗。本章想要通過馬祖的三個案例，向各位介紹自一九九〇年代以來，始終被忽視的馬祖、金門的「白色恐怖」歷史。

馬祖原本不是「列島」

一九四九年以前，「馬祖列嶼」的概念尚未成型。當時，這些島嶼分散於福建閩江口外，分屬連江、長樂、羅源三縣，彼此未必有密切往來。島上的環境不利農耕，居民大多由福州遷居捕魚，再將漁獲帶到福州沿海販售，或換取食糧與薪柴回島上生活。因此，各島的居民都與福州沿岸保持緊密的血親、姻親、互市關係。

很長一段時間，無論是清帝國、中華民國政府，都未曾真正在這些小島上，建立起一個現代國家（modern state）或民族國家（nation-state）該有的「直接治理」制度。在這裡，不曾有政府官員長期或實質進駐。取而代之者是大量的海上武裝集團，也就是俗稱的「海盜」。事後觀之，這些海盜並未對單一政治勢力保持堅定忠誠，而與國、共、日本人保持著複雜的合縱關係，時而疏遠、時而合作、時而對抗，卻是當地日常中真正有影響力的仲裁者。至今，這些曾縱橫海上的豪強，仍以半歷史、半傳說的方式，流傳在馬祖居民口中。

即使在抗戰或國共戰爭，國民黨軍方試圖在福建、浙江沿海建立據點，也只在這些島上建立「點狀」的要塞堡壘，分布在橫跨金門、烏坵、東犬（東莒）、西犬（西莒）、上竿塘（北竿）、下竿塘（南竿）、東引、霞浦、西洋、浮鷹、四霜、浙江岱山的島嶼上。這裡的士兵大多非正規軍，而是軍方收編福建的學生、農民，或地方的武裝勢力自請番號後，形式上納入軍方管轄，卻有半自主的性質。

上述經驗與同時期臺灣島上的政治經驗大相逕庭。一八九五至一九四五年間，臺灣民眾接觸到的是一個直接侵入地方、以「現代」技術介入日常的殖民國家（colonial state），藉此壓縮了清帝國時經由「中間」的買辦、通事、頭人、仕紳運作，因此保有某種相對自主或模糊性的「地方社會」。與此同時，馬祖諸島居民與「國家」的接觸卻沒有那麼密切。這樣的情況直到一九四九至一九五〇年的關鍵時刻才有戲劇化的轉變。

一九四九年，國府退守臺灣之際，才指派曾任保密局福建省調查站站長王調勳，擔任「反共救國軍海堡部隊司令」，將地方武裝勢力整編後，直接領導（注3）。隨著臺灣日益成為「最後根據地」，馬祖也首度脫離福建省，編入臺灣省下，由臺灣省警備總司令部成立陸軍馬祖臨時指揮部；一九五〇年六月後，又進一步改隸屬於軍方的臺灣防衛司令部管轄。此時，從「軍事治理」著眼馬祖的軸線，已現端倪。一九五〇年六月「韓戰」爆發，確定了國共以臺海為界、長期對峙的局勢，使中線「後方」的臺灣、澎湖的局勢日趨穩定；相對於此，劃分到中線另一側「前線」的金門、馬祖，卻日益推向戰爭的第一線。

此時，國共在這群小島上，展開了為期數年的小規模征伐，持續到一九五〇年代中期才日益停歇。例如跟馬祖親近的西洋島，在一九五三年以前，國共兩方還輪流進攻，直到一九五三年七月才確定由共軍拿下全島。此後，中共以該島為中心，編設新的行政區「海島鄉」，下轄四十三個島。與此同時，國府則將治下原屬三縣的不同島嶼，共同納入「福建省連江縣」管轄。雖然「海島鄉」與「連江縣」甚近，昔日亦有密切往來，自一九五〇年代中期後，卻陷入長期隔絕的狀態。

今日所稱的「馬祖列島」的空間範疇，至此，才漸漸確立下來。

另外，原本「風馬牛不相及」的馬祖與金門列嶼，開始建立起「政治上」的緊密關聯。馬祖列島主要流行福州話（今日也稱「馬祖話」），金門流行福佬話（僅有烏坵流行莆仙話），「金」「馬」於一九五〇年代前於婚姻、風俗、貿易、政治上幾無往來。此時，卻因為國際與地域的「冷戰」與「國共對峙」，分屬南北兩端的島群，開始建立至今仍無法切割的「政治連結」。一九五二年後，國府將「金－馬」劃為一體，先以人口較多的金門為核心，進而在馬祖設立由金門防衛司令部指揮的馬祖守備區指揮部，直到一九五六年才將馬祖的指揮部提升到與金門「同等」的層級。

如何治理金、馬？一九五〇年代初期，可以說是渾沌的年代。有別於「後方」的臺灣，即使在威權統治下，政、軍、黨至少還保有形式上的權責區分。但在「前線」的馬祖，由於有「準戰區」或「接戰地區」的緊迫性質，軍方便不斷擴大解釋，認為全島事務均屬「軍事安全」事務，進而使行政體系與軍方的關係時而緊張、彼此扞格。因此，國府中央開始構想實驗戰地政務，也就是建立一套有別於臺灣，並以「軍方」為最高權力中心，進而領導行政、黨等機關的設計，亦即「以軍領政、以軍領黨」的特殊架構。一九五六年，熱騰騰的「實驗戰地政務」於金、馬實行。至此，金馬的關係更加緊密，並展開長達三十六年以「戰地政務」為名的「前線戒嚴」歲月。

嚴格的日常管制

馬祖有臺灣民眾難以想像的「管制」經驗。人事上，「縣長」到「副村長」都是軍方派任，軍人可以直接管理民眾。時間上，晚間六點後沒有「宵禁通行證」不得出村，夜晚也不許燈火洩漏。此外每日潮汐時間不同，但嚴禁夜間出海，使漁民生計大受影響。空間上，採集食物的海岸成為禁區，甚至靠海的墓區長達三十餘年無法祭拜；馬祖人前往臺灣，則要申請形同出國的「出入境許可證」；對外電報、信件嚴密檢查；甚至有只限馬祖流通的專用貨幣。物件上，能「漂浮」的籃球、排球、輪胎、救生圈；能「空飄」的氣球、鴿子；能「紀錄」的照相機、攝影機，都視為違禁品，一旦查獲就為軍方嚴辦。

此外，馬祖有很長一段時間只有軍事法庭，沒有專門的民事法庭、刑事法庭。觸犯法律的民眾，經常直接送軍法庭審判，也缺乏律師與辯護人。軍方還可以直接羈押民眾——例如許多為了溫飽，偷往海岸線採集的婦女，一經發現，就為羈押，囚禁於營區或村中的禁閉空間。

與「白色恐怖」最相關者，恐怕是島上的保防機關。在馬祖，這些機關有更複雜而混亂的設計。例如，軍方的「政工第四部門」負責監控全島軍人；軍方的「戰地政務委員會－警保組」及調查局負責的「連江縣政府－安全室」則分頭監控全島民眾、機關公務員。此外，多個中央層級的單位也進駐馬祖——情報局閩北工作處、反情報總隊（以上屬國防部）、調查局馬祖站（屬司法部門）——縱使業務有別，卻同樣涉及「抓匪諜」業務。

機關林立，權責模糊，便出現為「爭功」而搶人的狀態。一九六四年，馬祖軍方便呈報國防部，指責調查局馬祖站為了爭功，屢屢介入逮捕、偵訊，甚至使已被軍方逮捕者「失蹤」。國防部軍法局則回覆，調查局屬於司法警察，對案件有偵查權；但更提出「軍方領導論」，認為不屬於軍方的司法警察，不該介入「以軍領政」下戰地政務的「抓匪諜」業務。

縱使如此，國防部於一九六四年八月召開協調會時，調查局根本沒有代表出席。雖然與會的各軍事機關屢屢請示，總政治作戰部仍無可奈何，只做出「金馬安全室與司法行政部調查局派駐金馬機關，應保持良好之公共關係」的空泛結論(注4)。事實上，對絕大多數馬祖人來說，從來就不清楚這些機關拉扯的「幕後花絮」。但在風聲鶴唳的年代，一點風吹草動，便可能被指控為「匪諜」而鋃鐺入獄，成為戰地歲月沉重的陰影。

三條船的悲劇

在一九五〇年以前，馬祖居民絕大多數都以漁業、小船商維生，因此許多人都與「船」及「海」脫不了關係。可是，一九五〇年以後，由於馬祖成為國共對峙的敏感「前線」，海上活動受到嚴格管制，而居民的生計型態也就此產生了劇變，甚至被迫捲入「白色恐怖」的漩渦。

在本節中，我想以三條不同年代的「馬祖小船」為舞臺，說明這些海上的人，怎麼在不同的情境下，先後成為了國家指控於「前線」活動的「匪諜」。這三艘船，分別是一九五一年前後想運蝦米到福州黃岐市場交易的漁船、一九五五年被軍方派去福建做「情報工作」的小船，還有一九六五年想在村落附近海域捕白鯧魚的小船。從這些「船」的活動變化，也可以看見軍方管制下，馬祖島上生計型態與社會關係的轉變，如何初期民眾共同聲援被軍方逮捕者，逐漸轉變為相互橫向監控的滄桑史。

一九五〇年代，軍人進駐島上後，一些民宅被軍方占用，甚至成為開始羅織「匪諜」的訊問地，在未經正式審判下刑死民眾（注5）。同時，周圍沿海實行嚴格的海洋管制，更不許民眾前往昔日的市場——福州沿海交易，使生計活動瀕臨中斷。劉宏文根據耆老口述寫道：「軍隊來了之後，港口多了荷槍實彈的哨兵，漁船只能在近海捕魚，不可越過高登，更不准往北馳向大陸。平常在澳口收購鯧魚、黃魚……，趕鮮送往大陸的『伢人』，現在都不見了；即便是醃製鹹魚的鹽寮，也因缺鹽不再進貨，空空曠曠，留下許多滲出鹹味的空木桶。」（注6）漁民生計驟然陷入困境，老小嗷嗷待哺，許多家庭瀕臨絕境。在為了照顧家人的動機下，一些漁民不得不鋌而走險，踏上世代依循、卻於一九五〇後被指控為「非法」的漁獲交易之路。

第一條小船：前往福州交易的漁船

一九五一年初，世居北竿芹壁的漁民陳奕水（三十八歲）、陳金炎（二十五歲）、王炎官（五十七歲）、陳兆發（三十三歲）、陳兆佃（三十九歲）的家庭都已陷入絕境。陳金炎只讀過私塾，未婚，獨力奉養年逾八十的父親陳紅利及年逾七十的母親黃氏；陳奕水未受教育，除了侍奉父親陳加揚與母親黃氏，還要負擔妻子何泉金與年僅四、五歲的兒子陳兆順的生計。這時候，尚為國、共爭奪的西洋島，便成為他們出售漁獲、以物易物的據點。

該年舊曆三月，他們帶了一千斤左右的蝦米前往西洋島，想交易柴火糧食。卻因戰事方熾，西洋島市場疲軟。這時，他們遇到來自北竿后沃的漁民陳顯龍（四十八歲），表示有一位來自黃岐的親戚林光潭（四十二歲）是小商人，也許可以把蝦米託他在黃岐販售。眾人心想，一千多斤的蝦米，恐怕真要到福州才能銷出。於是，在林光潭介紹下，另一位也留滯西洋島的黃岐人莊依寶，同意帶他們前往黃岐林宅。

莊依寶引路下，陳奕水等人私下抵達已歸中華人民共和國統治的黃岐，並將上千斤蝦米堆至林宅，再轉往市場銷售。過程中，曾有一叫吳義的男子前來盤問，陳奕水等人便老實交代受駐軍影響，家庭陷入困境的慘況，除此別無居心。蝦米約花了兩個月才銷售完。之後，眾人於五月返回北竿，帶著換來的柴火糧食，緩解家中困境。

私下去黃岐交易的消息，很快在北竿傳開，許多漁民都仿效這條路線，換米、柴、毛豬回村中。一九五二年五月，北竿的軍隊察覺了陳奕水等人又打算前往黃岐「以物易物」，便將眾人逮捕，以「叛亂」罪嫌送往南竿訊問。

此事在北竿引起了大震撼。民眾群情激憤，因為斷炊幾乎是當時漁民共享的困境。因此北竿民眾串聯起來，先後於一九五三年三月二十八日、五月五日向國防部軍法署遞交四份「聯名陳情書」。其中兩份橫跨后沃、坂里、芹壁、白沙、橋仔、塘岐的村長、伍長，並聯合商會理事長姜元泉、漁會理事長陳尚騰、農會理事長陳則祥共五十九人，並親自蓋章或按指紋。書中一方面訴說眾人貧苦，「郭依排……上有七旬老祖母暨五一高堂，下有弱弟幼子，均未成年，不能謀生；陳亨良……亦僅有子女各一（子三歲、女一歲），兩家十口盡皆婦孺，生活均失憑依」、「實因家境困境，裝運螃蟹前往高登島出售，當高登無從銷售，而不得已將該貨運抵黃岐，在偏僻地方與人交換糧食、柴火，藉維家計，以致闖禍……」，一方面痛陳軍方導致民眾「無辜受罪，實為冤屈」。

但是，眾人萬萬沒料到，馬祖守備區軍法庭依舊給予嚴厲判決：陳奕水、陳金炎、陳兆發、陳奕福以「共同連續將軍事上祕密消息洩漏叛徒」判處七年有期徒刑；郭依排、陳亨良以「共同將軍事上祕密消息洩漏叛徒」判處五年有期徒刑，並一律沒收「除家屬生活必須外」所有財產（注7）。

軍方進駐後，漁民的生活與傳統領域受到阻斷。在無法前往福州交易，也無法前往臺灣交易的情況下，漁民幾乎陷入瀕死境地。一些北竿的漁民，為了照顧家人，踏上了百年來先輩也同樣進行的交易路，卻在國共鬥爭下，被指控為與「匪」接觸並「洩露軍情」。這時，軍方剛剛來到馬祖不久，許多對被捕者感同身受的北竿民眾，一村村、一伍伍的團結起來，卻仍擋不住嚴厲的軍法判決，眼睜睜看著貧窮人家的「一家之主」深陷牢獄。此舉，不斷摧毀了許多搖搖欲墜的家庭，也給了初次與軍方相遇的馬祖人一記殘酷的「下馬威」，更使得馬祖的漁民處境更加困難（注8）。

左圖為當時的「聯名陳情書」：

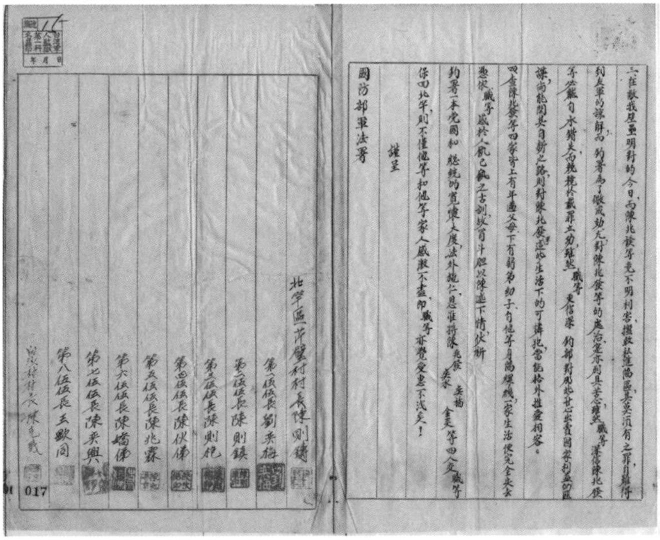
六、在敵我壁壘明對的今日，而陳北發等竟不明利害，擅敢赴匪區，其負有之罪，自難得
到友軍的諒解，而　鈞署為了懲戒效尤，對陳北發等的處治，定亦別具苦心，職等　深信陳北發
等[illegible]立功贖愆，職等更信深　鈞部對[illegible]甘心出賣國家利益的匪
諜，尚能開其自新之路，則對陳北發這些生活下的可憐兒，當能格外推愛相容。
四、查陳北發等四家皆上有年邁父母，下有弱弟幼子，自他等身陷縲絏，一家生活便完全失去
憑依，職等感於人飢己飢之古訓，故冒斗膽，以陳述下情，伏祈
鈞署一本[illegible]的寬懷大度，法外施仁，恩准將陳北發 奕揚 奕家 金美 等四人交職等
保回北竿，則不僅他等和他等家人感激不盡，即職等亦覺受惠不淺矣！
謹呈
國防部軍法署

北竿區芹壁村村長陳則[illegible]
第一伍伍長劉奕梅
第二伍伍長陳則鎮
第三伍伍長陳則[illegible]
第四伍伍長陳伙俤
第五伍伍長陳兆霖
第六伍伍長陳[illegible]俤
第七伍伍長陳奕興
第八伍伍長王歐同
[illegible]村村民陳[illegible]
017

第二條小船：由「小商船」變為「情報工作用」的小船

一九五二年三月，為了陳奕水等人遞交的其中一份陳情書，帶頭簽名者，是當時的芹壁村長陳則鑄。

他的家族原本居住於福建長樂縣，在祖父那一代，遷居芹壁，並以漁撈維生。陳則鑄在十歲時喪父，母親無法打魚，便帶著四個孩子倚靠大伯，並以剩下的積蓄開小店。小店的貨物主要來自福州一帶，當年的福建沿海，海盜甚多，貨物常被海盜掠走。因此，陳則鑄一家便一度回到長樂縣，直到一九四五年八月二次大戰結束後，才返回芹壁，繼續經營小店。小店的重要業務之一，便是用小木船「代運」當地漁民捕撈的漁獲，前往福州的長樂、福安一帶出售，同時換取一些日用品回芹壁販賣。

但是，一九四九年後軍隊進駐後，陳則鑄家的經濟一落千丈。他表示：「國民黨軍隊進駐本島後，船商無法往來，我就離開小店生活，到四十二年店中生意不佳，我就改以捕蝦米為生。因當年魚汛不佳，虧本甚鉅，欠債甚多，生活困難，債主逼債甚急……」加上，陳奕水案件發生後，民眾陳情又受到一九五二年十月二日的嚴厲判決而重挫，因此，眾人對私下前往福州「以物易物」感到畏懼，進一步導致經濟狀況瀕臨絕境。

正當山窮水盡之際，一件巧合從此扭轉了陳則鑄的人生。當時，保密局開始把「前線」的馬祖作為重要據點，想將馬祖進一步改造成刺探對岸軍情的據點。但是，若要在對岸的福州進行情報工作，就必須要說一口流利的福州話。因此，保密局開始在當地物色人才，希望培養成情報人員。窮途末路下，經由朋友的介紹，陳則鑄答應了保密局馬祖站的趙鴻振上校，用他已無用武之地的小船，擔任船伕，將保密局的情報人員送入福州。由於陳則鑄的航海技術好，表現穩重，到了隔年一月，保密局決定進一步吸收他，把他送到臺北受訓兩個月，之後成為潛入福州的情報人員。此時，一年前還是「小船商」的陳則鑄，突然變成了國共鬥爭下最「前線」的底層情報人員。不過，他的初衷卻非政治，而是想要藉此改善經濟。他卻渾然不覺，最終，自己將成為國共鬥爭下的荒謬演員。

一九五五年三月，陳則鑄回鄉，準備進行任務。他對於倉促訓練後的「登場」忐忑不安，曾經幾次駕船靠近福州，卻發現對岸沿岸管制嚴密，無法成功靠岸。一直要到一九五五年的十一月，一天，他終於潛入長樂縣，並且按照保密局的指示要架設電臺。上岸後，他倉促將電報機藏在臨時發現的古墓，為了找尋藏身處，先走了十多里路，終於找到一處山洞過夜。第二天，他想循原路折返時，卻因為不熟悉環境而迷路，最後走進農村，被當地農民察覺，進而導致被共軍逮捕。陳則鑄被捕後，他歷經了疲勞訊問。最終，他堅持自己只是單純的漁民，最後卻被共軍發現他身上掛的祈求平安的「香火袋」，裡面藏有電臺密碼等暗號。原來，陳則鑄的訓練太倉促，他根本記不住保密局要他背誦的電臺密碼。至此，陳則鑄百口莫辯，他在刑訊之下感覺「求死不得，就坦白出來」，稍後，則帶人前往山洞，取出拿出古墓裡的電報機。

經過一段時間的調查，共軍認為陳則鑄還算坦白，最後，准許他在一九五六年七月五日，獨自駕著小船返回馬祖。陳則鑄上岸後，立刻向軍方表白自己是「失風」的情報人員的身分。他立刻被送往情報局馬祖站（此時保密局剛改名情報局）報告一切經過。起初，馬祖站站員的態度還算客氣，他便詳細的說出經歷。沒想到，報告完畢後，軍方立即將他羈押，以「匪嫌」名義送往臺灣接受審判。

陳則鑄送往臺北後，於一九五六年十月十三日，由國防部軍法局以「意圖以非法方式顛覆政府」進行起訴。陳則鑄雖然屢屢為自己辯白，表示在對岸偵訊時，是因為刑訊才被迫自白。不過，軍法官依然在起訴的文件與判決書上表示，陳則鑄「身為敵後情報人員，應確保工作機密，僅經疲勞訊問，尚未失去自由意志，竟將軍情洩漏於匪」，認為他只是受「區區的」刑訊，不應該就此「背叛國家」。最終，軍法官於一九五七年二月十九日，將他按照「連續將軍事上祕密消息洩漏叛徒」及「為叛徒刺探關於軍事上之機密未遂」的雙重罪名，重判十五年，財產全數沒收（注9）。此後，陳則鑄在臺灣服刑，出獄時已是四十六歲。

這不是馬祖人成為「底層情報人員」而失風判刑的唯一案例。馬祖人其實深知情報工作危險，卻因為傳統的生計模式受阻後，被迫鋌而走險，成為軍方吸收的底層情報人員。有些人在對岸「殉職」或「坐牢」，有些人在對岸「失風」後回臺，卻又受到軍法審判。甚至，一些人歷經滄桑後，才發現當初保密局根本沒把他們編制為正式人員，只是在當地找尋到的「免洗筷」。因此，在老一輩老祖人口中，常叫這些給軍方吸收做情報工作的人為「豬仔」——這個詞彙的意思是白白送死，有去無回，像豬一樣任人宰割。但是，在飢寒交迫下，軍方永遠能找到被現實所逼，願意投身這條不歸路的年輕人。最後，這些「前」漁民，經常成為國共雙方鬥爭的犧牲品。

第三條小船：想在村落外海捕鯧魚的小船

歷經了十多年的軍事管制，尤其是一九五六年「戰地政務實驗」下「以軍領政」的特殊體制後，軍事管制的力量深入了基層。甚至，昔日相互聲援、共同向軍方表示抗議的民眾網絡，也逐漸形成了一種相互監控的力量。此時，從國家的角度來說，馬祖地方社會的「保防體系」已經大致完善。甚至，一些民眾，更積極地配合「保密防諜」的口號，在日常中進行相互監視。

兩位北竿的平凡漁民，為此，就捲入了另一場風暴。一位主角是林賢英，北竿塘岐人，二十九歲。他的父母由福州遷居塘岐後過世，而唯一的弟弟，患有精神疾病。至於姊妹四人，一人嫁往福州黃岐，三人嫁給當地漁民。未婚的他，以捕魚為業，與人合資「復國二〇〇五號機動船」後擔任船員（船主則叫劉用金），其餘時間則喜歡賭博與閒晃。另一位主角是王志鵬，后沃人，三十八歲。家有老母，未婚，兄長王依春是另一艘船的船主。兩兄弟分居，未婚的他則與老母同住。平日，他除了在兄長的船上捕魚，他會到林賢英工作的「復國二〇〇五號」幫忙。當地的保防人員，暗中稱他「閒時喜賭博，欠債約四千元，平素交往最好朋友僅有林賢英一人」（注10），兩人算是嗜好相同的好友。

此時的漁民只能在馬祖的近海捕撈，出海時必須向鄉公所申請「條子」才能出外，而且晚上也不得出海捕魚，時空都大受限制。而這樣捕魚為生，喜歡賭博的兩人，為何會被國家指控為沉重的「匪諜」罪名呢？王志鵬出獄後，曾在接受當地記者採訪。在爾後的報導中寫到：「民國五十四年七月某日……說錯了一句話，為此，跟同船的林賢英，兩人一同招來五年的牢獄之災。那天，風和日麗，萬里無雲，……跟船主劉用金，坐在船頭上閒聊，我對林賢英說：『今天氣候很好，風向、潮流也不錯，開到內地很近。』……為了閒話一句，付出了一生中最慘痛的代價」（注11）。王志鵬認為，是船主劉用金將此事報告（參照檔案，是報告給鄉公所與縣政府安全室（注12）），因此導致他捲入風暴。

不過，對照今日公開的檔案，兩人被捕，還不只是因為船長劉用金的緣故，這絕非唯一的導火線。現在，我把一些線索記錄在這邊：一、林賢英好賭，七月二十一日凌晨曾邀王志鵬偷偷到后沃賭博，但路經村與村之間的崗哨，被副村長發現，因此喝阻回村；二、二十一日天亮，林賢英邀王志鵬為「復國二〇〇五號」清除船底下的藤壺等生物。王志鵬去海邊移船時，發現該處積水，不利烤船底，因此獨自把船移到旁邊碉堡，卻被「船主」內兄王木衡質疑他為何私自移船，並懷疑他是否要偷偷出海；三、二十一日下午，橋仔村外出現大量鯧魚，林賢英聽聞大喜，覺得可以趁機發一筆財。他想前往捕撈，卻擔心其他船員沒有興趣，因此決定偷偷拿空白的「條子」去鄉公所，誆稱「船主」準備出海，取得核准章，並且預定二十三日清晨找王志鵬偷偷去捕鯧魚；四、林賢英前往王家，討論出海計畫，卻被王志鵬的媽媽依稀聽到兩人要「私下出海」。與王志鵬相依為命的他，以為孩子可能要拋棄他了，因此深感不安，徹夜難眠，並且開始向村民哭訴，便有村民將此消息報告給保防人員。

二十一日當天，多人線報了兩人「可疑」的資訊，甚至各自揣測了兩人的動機：一、船主劉用金認為，王志鵬移船是「已輸錢很多，恐怕跑掉」；二、他們二十一日「偷賭博」被發現後，副村長等人於二十二日到王家盤查，王母深怕唯一同居的孩子會拋棄他，開始哭鬧不知孩子去向，甚至質疑他是不是去福州了。此舉驚動村幹事四處找人。傍晚時，才發現兩人酒醉臥倒沙灘；三、王母擔心兒子離開時，曾向路過的「復國二〇〇五號」船員陳復國、劉用金、王蝦精告誡：「你們船要小心。」、「昨（二十一日）晚港口排長及副村長來我家檢查，林賢英、王志鵬身上都帶走漁民證和身分證，可能他倆人要把你們的船開走，開到哪裡不知道。」加深船員王蝦精的懷疑，認為兩人要跑；四、王母的另一個兒子王依春，猜想王志鵬多次抱怨在北竿的經濟困難，揣測他可能要去福州；五、當縣政府的「安全室」，為此派保防人員來盤查王母時，他將問題歸結到林賢英身上，認為他「帶壞」了王志鵬：「有一次（時間記不清），林同我兒志鵬在家飲酒時講過：『國家來到本島以後，姑娘很少了。以前大陸上很多姑娘送到此地來賣，娶個老婆不成問題，假如我現在在大陸上，像我這樣年齡的人娶個老婆根本不成問題。』」，他認為林賢英娶不到老婆下，很有可能想去福州娶老婆。

這些不斷上報的密告，各自揣測了兩人的動機，使得原本單純的賭博、酒醉、偷捕鯧魚（最終沒出海）釀為「政治案件」。軍方於八月初至北竿抓人，送往南竿，便由少校科員王乃言刑訊。王志鵬回憶：「連續七天，每天深夜十一點左右，兩人都被車子載往雲臺山的一處坑道中，隔離訊問……，面對著一盞強力探照燈，眼睛幾乎睜不開，一位中校軍官指揮一名軍官問案，每天問的問題都一樣：背後什麼人指使？內地有沒有人接應？為什麼要開船到內地投匪？回答『沒有』，就遭到毆打胸腹，鞭抽背部及大腿」、「連續七天的疲勞審訊，無情的毆擊、鞭打……」（注13）。

送往軍法庭開庭時，兩人不斷申冤，表示自己被軍方刑求，且「堅決否認」投共。但軍法官陳穎慧等人駁回此說，聲稱「對於刑求一節，曾詢被告能否提出證據，被告對此庭諭並不能提出具體證據」，更認定訊問期間的證據昭然，不過「念及」兩人愚昧無知，智識淺薄，最後「從輕量刑」，於一九六六年二月二十四日「從寬處有期徒刑五年」（注14），送往臺東泰源監獄服刑（注15）。

在這個案件中，除了我們看到漁業活動受阻的北竿漁民，即使並未前往福州，只是想到村落外的海域捕魚，卻還是可能被種種誣告而羅織入獄。同時，我們也可以看見在一九五三年陳奕水案發生時，曾經團結起來，村村攜手，痛批軍方以「莫須有」罪名誣陷這些「可憐犯」的漁民（注16），竟然在十多年後，形成了一張相互監控彼此的網絡，且通過一些品質可疑、純粹心證的密告，將兩名對於政治懵懂無知的漁民變成「政治犯」。國家如何進入馬祖的歷史，在此可以間接看見一些軌跡，也提供了我們將來進一步探索「前線」白色歷史時的線索。

本文中的三條小船也像是歷史的縮影，讓我們看見通過一九五〇年代開始稱為「前線」的馬祖，如何在國共鬥爭的敏感地帶，被國家強力滲入，進而扭曲了傳統與日常的軌跡。先是漁民無法交易，經濟陷入困境，而想循著傳統的模式維生的民眾被捕入獄。進而，一些困苦的民眾，不得不反過來「依賴」國家，從事高風險而無保障的「情報」工作，成為「免洗筷」般的軍情人員，不是在彼岸殉職或坐牢，就是「失風」後在此案坐牢。到了一九六〇年代，漁民已經籠罩在一張綿密的監控之網中，相互密報，甚至釀成悲劇。透過這三條小船，希望能幫助大家稍稍認識戰後馬祖的「白色歷史」，避免「臺灣中心主義」下忽略了馬祖、金門歷史脈絡的謬見，也同時看見彼此仍然共享了相似的歷史傷痕。

參考資料

- 林孝庭，《意外的國度：蔣介石、美國、與近代臺灣的形塑》，遠足文化，二〇一七。
- 曹雅評，《捕魚好苦呀！戰地政務體制下的馬祖漁業及漁民家庭處境》，世新大會發展研究所碩士論文，二〇一七。
- 胡淑雯、童偉格主編，《靈魂與灰燼：臺灣白色恐怖散文選 卷五》，春山，二〇二一。

注釋

1 見林孝庭，《意外的國度：蔣介石、美國、與近代臺灣的形塑》，遠足文化，二〇一七。

2 當時南斯拉夫社會主義聯邦共和國總理狄托（Josip Broz Tito），雖領導共產主義國家，但路線卻未與共產主義陣營「龍頭」史達林領導的蘇聯一致，而保有相對自主的路線。因此，在國際政治上，便將這樣的路線稱為「狄托主義」。

3 見福建省連江縣政府，《莒光鄉志》，連江縣政府，二〇〇六。在許多當地人的口述中，也指出相對於當年大多數為文盲的島上漁民，這些軍人中，不乏有較高的識讀能力者，此後轉為基層公務員、校長、教師，對馬祖的歷史起了深遠影響。

4 見國家檔案局，檔號 A305000000C/0053/378A/3040/22。

5 見劉宏文，〈玉青嫂的太平麵〉，二〇二一年二月十八日刊登於《馬祖資訊網》，見 https://www.matsu.idv.tw/topicdetail.php?f=182&t=237880&fbclid=IwAR1zKMWJzuIZLWBKw7e0ReOfwnIZQiYznH-HIG-hMY1iPSqoD62L9IWPOr8。

6 見劉宏文，〈失去聲音的人〉，收錄於《靈魂與灰燼：臺灣白色恐怖散文選 卷五》，春山、國家人權博物館共同出版，二〇二一。

7 見國家檔案局，檔號 B3750187701/0039/1571/75290012。

8 見曹雅評，《捕魚好苦呀！戰地政務體制下的馬祖漁業及漁民家庭處境》，世新大學社會發展研究所碩士論文，二〇一七。

9 見國家檔案局，檔號 A305000000C/0045/1571/75296284。

10 見國家檔案局，檔號 A305000000C/0045/1571/75296284。

11 見劉家國，〈叫「政治犯」太沉重！〉。刊登於《馬祖通訊》（二十一），一九九四。
12 見國家檔案局，檔號 A305000000C/0045/1571/75296284。
13 見劉家國，〈叫「政治犯」太沉重！〉，刊登於《馬祖通訊》（二十一），一九九四。
14 見國家檔案局，檔號 A305000000C/0045/1571/75296284。
15 見劉家國，〈叫「政治犯」太沉重！〉。刊登於《馬祖通訊》（二十一），一九九四。
16 見國家檔案局，檔號 B3750187701/0039/1571/75290012。

第十章 臺灣獨立運動（注1）

文／林運鴻

◎為何整個二十世紀，臺灣獨立運動遭到不同政權的鎮壓與汙名？統治者採用了那些手段，壓制這個萌芽中的「臺灣民族」？

◎二戰以後的臺灣獨立運動，有哪些重要的理論主張？它們如何界定「臺灣民族」的內涵與成員？

◎臺灣獨立運動的參與者，來自於怎樣的社會階層與族群身分？他們是知識菁英或者平民大眾？他們是戰前本土住民或者戰後外省移民？

如果我必須死一千次，我只願意死在那裡
如果我必須生一千次，我只願意生在那裡
我那小小多山的國家
——鄭南榕改寫自智利詩人聶魯達詩句

在將近一個世紀，所謂「臺灣獨立」其實是我們這個東南亞小島上的最大政治禁忌。無論在總督府或國民黨治下，只要平民百姓膽敢談論「臺灣民族」、訴求「制憲正名」、主張「獨立建國」，就會被統治當局冠以「顛覆國家、陰謀叛亂、分裂國土」等罪名，或被逮捕起訴、或遭刑求拷打，沒收個人與家族財產、身陷漫長刑期，否則就乾脆直接一槍斃命丟入陰溝。

然而，諷刺的是二十世紀初期，在「聯合被壓迫民族，打倒西方帝國主義」這樣的東亞近代史脈絡下，許多中國政治人物，諸如孫文、蔣介石、毛澤東、周恩來，他們都曾在公開場合「支持」過臺灣獨立。

如果說「臺灣獨立」追求的是以日本殖民者、國民黨流亡政權、中國帝國主義為對立面，試圖去實現住民自治、主權與國家正常化的一種社會與政治運動。那麼，「臺灣民族」在歷史進程中胎動成形以來，依次也存在不同版本的「民族主義」概念。

這些關於臺灣民族的國家想像，包括：臺灣人長久以來融合了東南亞多種血統文化的「混血民族論」、臺灣人是受到外來統治階級榨取剝削對象的「本土無產階級論」、臺灣人是共享領土與公共事務的「命運／公民共同體論」等不同的觀點，皆勾勒出「臺灣民族」可能有的邊界與內涵。

然而，在多年高壓統治與思想監控下，各種關於臺灣民族的激情或論述，卻遲遲無法進入日常生活，僅在少數異議分子群體中流傳。而上述這種「國家認同缺席」的狀況，甚至還導致了解嚴後本省外省之間的激烈族群衝突，常常直接起因於對抗、錯置的國家認同，甚至因此出現了「生活在臺灣的人民不同意臺灣是個主權獨立國家」的荒謬現象。

所以，如果我們要重新回顧「臺灣獨立運動」的來龍去脈，幾個不可忽視的問題就是：什麼樣的歷史過程，讓臺灣人渴望獨立自治的真切心願，竟然成為被國家暴力所無情鎮壓的「叛國罪行」？而那些不同脈絡、不同類型的臺灣民族主義思想，又需要怎樣的繼承與深化，才能夠成為未來國家認同所共有的文化養分？哪些不該被遺忘的臺獨運動前行者，儘管遭到政治黑獄與武力鎮壓，他們仍然無悔獻身於「臺灣民族追求國家獨立」這一務實而迫切的政治理想？

日治時代到二二八事件的臺獨思想

一九一〇年代晚期開始，已受日本統治二十餘年的臺灣社會，在多次傷亡慘重、處決無數的抗日運動後，幾乎沒有留下任何武裝反抗的薪火。儘管如此，當時日本甫進入所謂「大正民主」時期，各種改革思潮廣為傳播，工農大眾聯合爭取權利，婦女結社要求性別解放，因此那些嚮往文明開化、前往帝國中心留學的臺灣留學生，也在這樣的社會氣氛下，親炙了諸如「亞洲弱小民族解放」這樣的進步思想。

來自南投的留學生彭華英，就在這種使人熱血沸騰的氣氛下，開始與日本左翼運動團體交往頻繁。彭華英曾經在臺灣總督府官員的招待宴會上，與其他同學起立大聲抗議：「反對同化政策！」後來他又與菲律賓、印度、朝鮮等地的民族運動者在上海聚會商討殖民地解放問題，在會議中堅持反駁中國代表「收回臺灣」的主張，力陳臺灣應效法比利時，成為永久中立國。

到了一九二一年，數次「臺灣議會設置請願運動」風風火火生發，不只是受到廣大臺灣民眾的全力支持，請願團更在東京街頭大張旗鼓遊行，還開著小飛機在市區上空灑下滿天傳單。當時甚為活躍的社會運動家蔡培火，在《臺灣青年》上撰文激昂陳詞，甚至直書「臺灣是臺灣人的臺灣」，成為傳誦一時的名句。儘管這些刊物與活動多半遭到日本政府查禁，但是在一九二七年一月，《臺灣民報》再次於社論中大膽主張，臺灣應該爭取「完全自治」，並且制定「臺灣憲法」，讓臺灣人民在殖民地自行控有行政、立法、司法三權。

毫不意外地，日本帝國政府面對臺灣人民逐漸升溫的「自治」請願，很快將此種呼聲斷定為「含有民族獨立的要素，將使臺灣成為愛爾蘭第二」！然而，臺灣人並未就此放棄爭取自治。一九二八年四月，「臺灣共產黨」成立，他們受到一次世界大戰後，全球殖民地追求獨立解放的思潮所影響，於是在〈臺共政治大綱〉中，更激進而且完整地提出「臺灣民族獨立建國」的堅定訴求。

當然，臺共的「獨立建國」、「社會主義革命」主張強烈地挑釁了日本統治當局，因此臺灣共產黨很快就遭到殖民政府的搜捕鎮壓。儘管明目張膽的「臺灣獨立」很難在當時蔚為民意主流，然而綜觀整個日治時代，臺灣人民仍然努力嘗試擺脫二等公民、殖民剝削的命運，並藉由政治社會運動、組織文化協會、發行啟蒙刊物，某種素樸的「臺灣認同」持續在公眾心中隱隱發酵。

太平洋戰爭結束後，日本宣告投降，國民黨政權於一九四五年十月接收臺灣。然而在政權易幟前後，再次出現零星的「臺獨思想」。例如在日本戰敗前，臺灣仕紳與日本軍官曾經祕密商討，在戰爭結束後直接成立自治政府。又或者是臺灣第一位哲學家林茂生，就曾經私下深深感慨，臺灣沒有韓國李承晚這樣的政治領袖來領導獨立運動。至於畢生追求民族獨立，後來在國民黨統治下為此坐牢二十餘年的社會運動家黃紀男，在戰爭結束不久，就向美國與聯合國遞交國家獨立請願書，希望臺灣能夠比照瑞士，成為永久中立國家。

一九四七年，逐漸白熱化的國共內戰加劇了國民黨政權對於島內經濟與物產的蠻橫掠奪，金融陷入嚴重通貨膨脹，糧食與民生用品也極度匱乏。再加上治理無能的臺灣省行政長官公署實施明顯人事歧視政策，更讓島上民怨沸騰。二月二十七日晚上，專賣局查緝員在臺北市天馬茶房前毆打私菸小販，甚至對試圖調解的民眾開槍，於是憤怒的群眾包圍警察局，最後釀成大規模民變，引發了「二二八事件」。

在事件中，各地自行集結武裝抗爭組織，臺人菁英並組成「二二八事件處理委員會」，要求撤除查辦貪污腐敗官員、並且允諾臺灣可以真正落實地方自治。然而國民黨當局一邊敷衍承諾上述要求，同時暗中調派精銳師團登陸臺灣，在各地展開血腥鎮壓，死傷超過數萬人。中國軍隊無情屠殺臺灣平民的時代記憶，而後直接導致了許多臺灣平民深深感覺到「我們並不是中國人」。

例如語言學者王育德，他在二二八慘案期間親眼見到律師湯德章被示眾曝曬的屍身，也看到御用紳士要求「我們中國國民」主動檢舉暴徒，心中油然生出痛恨。又或者是政治受難者許曹德，事件後前往基隆碼頭目睹數百具雙手反綁、眼球凸出的猙獰屍體，終於在這個人間煉獄找到了全身傷痕的兒時玩伴屍身，他從此對於「中國人」再無信任。

還有在二二八事件中曾任「二七部隊」隊長的革命家鍾逸人，在親身經歷血腥屠殺與亡命竄逃後，餘生拒絕學習名為「國語」的北京話。自二二八事件中倖存的文學家張深切，則是每每告誡身邊年輕人，絕不可忘記傳承「臺灣意識」，但是千萬避免「加入組織」。而出身高雄望族的彭清靠醫師（彭明敏父親）則在二二八事件中被推派為和談代表，但卻親眼目睹高雄要塞司令彭孟緝殘忍處死其他同仁，自己也差點遭到槍斃，從此以後，彭清靠終身以自己的華人血統為莫大恥辱。

轉向海外的早期臺獨運動

因為二二八事件帶來的巨大衝擊，原本便抱持著獨立建國思想的留日知識分子廖文毅，此後對於「祖國」再無期待。於是廖文毅提出「臺灣民族混血論」，強調中國與臺灣並非同文同種，並主張臺灣應受聯合國託管，再由住民自決達到獨立願景。一九五〇年，輾轉渡海至日本的廖文毅，將早前的運動組織改組為「臺灣民主獨立黨」。一九五六年更在東京成立「臺灣共和國臨時政府」，自任大總理，在海外發行刊物、聯絡國際社會，並且祕密指導臺灣島內的獨立運動同志。

廖文毅的島內追隨者們，對於如何推翻國民黨統治，其構想可說相當激進。當時雲林廖家常有臺獨運動者聚會，商討搶劫銀行、成立革命軍隊等等計畫。然而國民黨政權撤退來臺後，實施嚴密社會控制，因此與廖文毅保持聯絡的黃紀男、廖史豪等人也在一九五〇年先後被逮捕繫獄。

差不多在同一時間，曾經嚮往社會主義思想，前往中國加入共產黨軍隊，也因此目睹了中共極權本質而深感失望的左派革命家史明（本名施朝暉），此時剛回到臺灣不久。他在士林、苗栗一帶收集槍械軍火，組織「臺灣獨立武裝隊」，計畫要埋伏刺殺蔣介石。然而不幸事跡外洩，史明躲入貨船潛逃至日本，並於一九六七年成立延續武裝抗爭路線、立場左傾的「獨立臺灣會」。

儘管在國民黨政權鋪天蓋地的網羅下，零星的「武裝革命」皆被偵查破獲，當時的公眾輿論也不可能公開談論任何臺灣獨立的相關思想，然而，在臺灣島外，所謂「海外臺獨」路線卻方興未艾。

在美國，留學生盧主義等人主動與廖文毅的「臨時政府」接觸，並於一九五八年成立「臺灣獨立聯盟」（United Formosans for Independence）。臺灣獨立聯盟曾經前往聯合國總部，在訪問美國的行政院長陳誠面前公開示威抗議，也在美國外交刊物上發表文章，向國際社會鼓吹臺灣獨立的必要性。

日本方面，語言學家王育德先與廖文毅的「臨時政府」合作，而後於一九六〇年成立「臺灣青年社」與機關刊物《臺灣青年》，從語言文化角度來重構臺灣主體意識，並且深耕、組織留學生團體。

儘管此時不少臺獨運動者被迫出走海外，無法直接挑戰島上的威權政府，然而，在那個迫不得已必須「海外臺獨」的憂鬱年代，流亡者著書立說，卻為此後的民族主義思想留下了寶貴的理論啟發。例如史明於一九六二年出版《臺灣人四百年史》，從唯物史觀來分析外來統治者與本地買辦集團對於臺灣無產階級的經濟掠奪；而王育德也在一九六四年出版《臺灣：苦悶的歷史》，一針見血地指出在動蕩東亞近代史中初生的臺灣民族，長期以來還是缺乏完整的國家意識。

流產的武裝臺獨革命

在整個威權統治時期，國民黨政權依據《臺灣省戒嚴令》、《懲治叛亂條例》、《中華民國刑法》等法律，並運用警備總部等情治特務機關，對於島內進行無孔不入的思想控制，凡是在政治上持有異見、或公開批評國事，均遭「叛國」罪名伺候。原本與國民黨關係匪淺的自由主義雜誌《自由中國》，則是當時少數能夠對時政保持批判立場的刊物。然而隨著《自由中國》數度提出蔣介石放棄連任總統、開放反對黨、修正反攻大陸國策等主張，該雜誌與國民黨之間的關係，也逐漸劍拔弩張。就在被寄予厚望的「中國民主黨」成立前夕，雷震被控通匪賣國，遭到警總逮捕，組黨計畫也無疾而終。

雷震事件後，許多臺灣人更加感覺到在體制內並沒有追求自由民主的政治空間，其中激進者也因此重拾「武裝革命」路線的可能性。特別在一九六〇年代，所謂「白帽子」（即臺獨案件，相對於「紅帽子」共匪案件）政治案件更頻繁發生。比如一九六二年興臺會與臺灣獨立聯盟案（陳三興、施明德等）、一九六三年廖文毅案（黃紀男、廖史豪等）、一九六七年靖臺案（林水泉、呂國民等）、一九六九年山地青年團案（李義平、高陣明等）。儘管這類案件有不少是特務機關構陷誣攀的冤假錯案，但是「臺獨案件」在數量上的增長，其實也反映了不管對於保守國民黨政權或是政治異議人士來說，「臺灣獨立」這個難以迴避的問題正在緩緩浮出水面。

在一九六〇年，競選縣長失利的雲林縣議員蘇東啟，因問政犀利、言論充滿臺灣意識，而得到不少注意。於是地方人士詹益仁、張茂鐘，有意識地拉攏海軍陸戰隊臺籍士兵，並祕密與蘇東啟聯絡，他們表明自己有仿效韓國政變、發動武裝革命的意圖，並希望得到蘇東啟的支持。

一九六一年三月九日深夜，詹益仁、張茂鐘以及包括陳庚辛在內的十多名臺籍士兵，準備前往樹仔腳營區劫營。但是抵達目的地後，評估目前兵力懸殊、軍火不足，因此最後就地解散放棄。然這次事實上「沒有發生」的武裝舉事，後來卻遭密告，半年後包括蘇東啟在內，多人被逮捕，共有四十七人被判刑，此即為「蘇東啟叛亂案」。

儘管此案號稱是臺獨武裝叛亂，本該茲事體大，但是官方報告書中所列出的幾位「首謀」，包括當時頗有影響力的本省政治人物高玉樹、郭雨新，卻沒有遭到任何處置。事實上，本案的調查過程頗多欲加之罪，真偽難辨，恐怕整起案件也是國民黨當局敲山震虎之舉，目的在於「警告」那些曾與雷震親近的政治異議分子。

〈自救宣言〉提升臺獨理論高度

縱觀整個一九六〇年代，由於無法公開談論國家定位，因此「臺灣獨立」的相關論述，沒有機會得到進一步的傳播與深化。然而，在一九六四年，三位兼具知識與勇氣的學院知識分子，卻在主權理論的高度上，打破這種局面。

當時很受青年學生歡迎的臺大政治系教授彭明敏，以及平素來往密切的兩位年輕人魏廷朝與謝聰敏，他們為了「界定當前政治問題，促使人民有進一步行動的根據」，起草了一份文字稿，這就是後來引起轟動的〈臺灣自救運動宣言〉。

這份宣言的主筆者是謝聰敏，再由魏廷朝潤飾、彭明敏審定。根據謝聰敏的回憶，寫作〈臺灣自救運動宣言〉（以下簡稱「自救宣言」）的靈感有很大部分是來自馬克斯的〈共產主義宣言〉，然而，三人卻非常小心地避開任何「臺灣獨立」、「社會主義」字眼，以免落當局口實。這其實也是戰後臺灣獨立運動的重大困境——中華民國戒嚴體制在很大程度上，封殺了猶在萌芽，需要鼓吹與辯論的臺灣民族主義思想，以及任何有創造力的政治理論想像。

他們原本計畫將這份文件廣泛寄給全臺灣的知識階層，進而引發公眾回響。宣言內容指出，臺灣人應不分省籍推翻獨裁政權、重新制定憲法，並以臺灣名義加入聯合國。然而一萬份宣言方才印刷完竣，就因印刷廠老闆密告，被持槍的便衣警察逮捕。

由於彭明敏在國際法學界享有卓著聲望，因此三人被逮捕後，歐美學術界、國際人權組織、臺獨海外團體，甚至是美加外交官員都對案情表示關心，這不但給予國民黨相當壓力，同時也讓「臺灣獨立」議題在國際間曝光度大增。

在本案審訊期間，警總數度懷疑三人背後另有龐大組織，或出於美國授意，不然就是得到殷海光或李敖的私下指點，由此亦可見當局對於這份書生起草的「人民宣言」，抱持著很大疑懼。為了緩解各方壓力，彭明敏被判刑確定後，又得到蔣介石特赦，而謝聰敏與魏廷朝兩人，則因為「未思悔過」各處十年與八年徒刑。

彭明敏後來得到美日友人幫助，喬裝改扮出逃瑞典，後來又抵達美國，密集發表演講，四處宣揚臺獨思想。彭明敏特別從國際法的角度來主張「臺灣地位未定論」，認為《開羅宣言》、《波茲坦宣言》均違反聯合國憲章規定的民族自決原則。由於「自救宣言」強調臺灣的命運必須交由所有臺灣住民來決定，因此，島上外省族群當然也是臺灣獨立運動之共同夥伴。若與廖文毅早期提出的強調「血緣」的民族主義版本相較，「自救宣言」的立論基礎在於全體臺灣人的共有領土與公共參與，族群、血統反而不是臺灣民族形成的要件，可以說是一份充滿了進步性格，具有當代「公民民族主義」內涵的重要歷史文件。

高喊獨立的武裝反抗

儘管「自救宣言」轟動國際，然而在整個戒嚴時期，臺灣島內最為可歌可泣的一次臺獨運動，應是一九七〇年二月八日，臺東泰源監獄發生的武裝革命。當時泰源監獄主要關押政治犯，其中六名具有強烈臺灣獨立思想的囚犯江炳興、鄭金河、鄭正成、陳良、詹天增、謝東榮，因為監獄中所謂「囚犯外役」制度管理鬆散，故而與當地原住民、臺籍警衛私下接觸，密謀起義。

事情發生於大年初三，六人從廚房中拿走刀械，並於果園攔截哨兵隊伍。江炳興在突擊監獄警衛隊時，大聲說出：「臺灣獨立了，你快把槍交給我吧！」而在他們奪取槍彈之後，卻未能按照原定計畫釋放其他囚犯，於是六人逃入山區，很快就被軍隊圍捕，除鄭正成外，審判後悉數槍決。

泰源起義事件中，除了當場武裝舉事的六人，還有吳俊輝、蔡寬裕、高金郎等關在押房內的政治犯也參與事前規劃。部分成員為早前「蘇東啟叛亂案」受刑人，或者涉入「劫艦投靠廖文毅」等其他政治案件。

根據官方檔案指出，遭軍方逮捕時，泰源六人身上攜有「臺灣獨立宣言」、「文告」與廣播錄音帶，準備用來向一般民眾宣傳之用。再根據獄友多年後的訪談，六人多數只剩兩年刑期，他們並不認為起事能夠成功，然而他們之所以抱定必死決心，唯一的目的就是佔領廣播電臺，宣傳臺獨思想，號召全國抗暴。特別是在一九六五年，國民黨政權以廖文毅家族為人質，成功招降廖文毅返臺，重挫島內革命氣氛，因此泰源六人不惜犧牲生命，也要用實際反抗來鼓舞當時陷入沉悶低潮的臺灣獨立運動。

值得注意的是，不管是在一九六一年蘇東啟案，或者是一九七〇年的泰源監獄事件，有多位出身中下層的武裝起義參與者，他們所受教育程度不高，並非前期臺獨運動裡作為主幹的中產知識階級。然而，從不少受難者口述史中可以看出，一般庶民大眾的生活經驗，例如在部隊中傲慢外省軍官對於臺灣人的歧視與虐待，或者是長輩在二二八事件中悲慘沉痛的親身遭遇，都轉化一種人們為之無悔獻身的「臺灣民族主義」理想。

泰源事件後不久，臺獨運動歷史上的另一重大事件，也緊接發生。

一九七〇年四月二十四日，正在美國訪問的蔣經國，坐車抵達紐約廣場飯店，當時還在康乃爾大學攻讀社會學博士的留學生黃文雄，突然從人群中竄出，高呼：「我們是臺灣人，在這裡清算我們的血債冤讎！」並對蔣經國拔槍射擊。隨後黃文雄很快被安全人員擊倒，鄭自財衝入現場支援，黃文雄則不屈大喊「Let me stand up like a Taiwanese!」（讓我像個臺灣人一樣站起來），兩人雙雙被捕。當時參與事件籌劃和實行的還有黃文雄的妹妹黃晴美。

黃文雄、鄭自財都是甫成立不久、統合四個海外臺獨團體的「臺灣獨立建國聯盟」（World United Formosans for Independence）成員。兩人在留學期間，深受反抗種族歧視的美國非裔民權運動所激勵，於是決心投身民族獨立運動。後來聽聞蔣經國來美外交訪問，便購買槍械策劃暗殺，意在打亂蔣介石傳子接班佈局，為島內可能發生的政治變革製造可趁之機。

儘管暗殺並未成功，但蔣經國經此劫難，或許開始認真思索「臺灣人為何痛恨國民黨」？兩年後，蔣經國接任行政院長，開始安排本省人入閣，並考慮有限度的民主改革。而黃文雄與鄭自財被美國政府捕後，海外臺灣人熱烈捐款支付高額保釋金，兩人後來選擇棄保潛逃、流亡天涯，許多年後才得以回到魂縈夢牽的故土，黃文雄將餘生奉獻給人權工作。

「黨外」時代的臺獨意識

泰源監獄暴動、黃鄭刺蔣事件直接而強硬的反抗行動，儘管對於臺獨運動可說意義重大，然而在歷史現場，由於報章雜誌依然受到黨國嚴密管制，許多平民大眾只能從耳語騷動中聽到模糊流言，甚至對之一無所知。

然而，歷史已經不可阻擋地要被勇敢的臺灣人揭開全新的一頁了。一九七一年《大學》雜誌轉型為政治刊物，一九七五年黃信介與康寧祥開辦《臺灣政論》，一九七七年文化界因為「通匪」罪名而爆發公開辯論臺灣認同的「鄉土文學論戰」，然後是五項地方公職選舉合併舉行，「黨外」群英摩拳擦掌欲來挑戰國民黨威權。「黨外助選團」甚至公開主張「臺灣的命運應由一千七百萬人民來決定」。

在臺灣獨立運動的歷史上，這段期間還有一個標誌性的事件：臺灣基督長老教會不懼黨國權威，分別在一九七一年、一九七五年、一九七七年發表三次公開聲明「人民有權決定他們自己的命運」、「臺灣的將來應由臺灣一千七百萬住民決定」、「面對現實，使臺灣成為一個新而獨立的國家」。國民黨對主導其事的高俊明牧師威脅利誘，逼迫他出國遠走，高俊明預先寫好遺囑，慨然拒絕。他說：「我的使命就在這裡。」

在整個一九七〇年代，隨著美國總統訪問中國、臺灣退出聯合國、美中建交、美國承認「臺灣是中國的一部分」等，臺灣的國際地位岌岌可危，國民黨政府的威信也遭重大打擊。在這個背景下，為了鞏固政權，「穩定」社會秩序，國民黨動用宣傳工具，創造出所謂「三合一敵人」的汙名，所謂互通款曲的「黨外／臺獨／共匪」，正是中華民國最大的邪惡威脅。

除了新聞媒體汙名抹黑「臺獨」，當時還有一種由接受官方資助的黨國文人所撰寫的「愛國小說」，裡面充斥「歸國學人在美國受到中共吸收，返臺後陰謀從事臺獨工作」這樣荒謬的情節。今日來看，此類宣傳實在無稽可笑，誓言自決建國的臺獨運動者，與主張兩岸統一的中共同路人，本該是水火不容。然而國民黨之所以採用這種明顯不合邏輯的宣傳，其實反映出他們對於維繫岌岌可危之政權的焦慮。我們不難理解，對於運用軍隊與暴力來遂行統治的國民黨獨裁者來說，將主權歸還島民的「臺灣獨立」主張，當然是對於「外來政權」正當性的最有力挑戰。

一九七九年十二月十日，美麗島事件發生。儘管今日的歷史學家多半更強調的是高雄的美麗島事件在臺灣「民主化」過程中所發揮的關鍵性作用，不過若回到事件當晚，「抬頭挺胸當個臺灣人」的熾熱心情，同樣在街頭熊熊燃燒。呂秀蓮站在演說車上，向人群嘶聲高呼：「作一個臺灣人，今天你們沒有加入大家的陣容，你們的良心會過意不去。」施明德看到群眾與警憲互毆，便感性呼籲：「不要打臺灣兵，不要打臺灣子弟。」當夜還有臺南神學院的黃昭輝、冬聰凜帶領群眾流淚合唱〈咱要出頭天〉。這天晚上站上前線的人們所要追求的不只是自由民主，更是「臺灣人認同」在多年喑啞之後的掙扎現身。

在深夜街頭衝突結束之後，當局立即發起全國性逮捕行動，共有四十五人身陷囹圄。一九八〇年三月十八日，舉行連續九天的美麗島軍法大審判，儘管多位被告都在字面上「否認」自身臺獨立場，不過政府的態度其實很明確：根據調查局「一二一〇專案偵訊工作指導綱要」，大審前的漫長偵訊，其主要目標就在於「使共匪及臺獨分子在高雄暴亂事件中扮演之角色能夠明朗正確」——美麗島軍事審判法庭在很大程度上也是一次對於「臺灣獨立運動」的懲戒。

「我主張臺灣獨立！」

儘管美麗島事件以及其後的軍法審判，幾乎網羅了當時檯面上的「黨外叛亂分子」，然而，其後續社會效應卻是獨裁者和國民黨大出意料的——由於審判攻防過程全文在報紙上轉載，國際媒體與人權組織也派員列席，廣大臺灣人民可說是破天荒第一次，完整聽見了黨外人士在法庭上的慷慨陳辭、看見了理想主義者對於自由民主國度的無私追求。

於是，以「美麗島事件」為標誌，各種黨外雜誌如雨後春筍暢銷熱賣，接下來的數次競選，黨外候選人席次也大有斬獲。此後臺灣人對於民主的熱切渴望，威權政府再也阻攔不住。

一九八六年九月，黨外反對人士自行宣布「民主進步黨」成立，數日後，蔣經國接受美國《華盛頓郵報》訪問，他在訪問中宣布，隔年將正式開放人民籌組政黨、解除軍事戒嚴。「解嚴」幾乎意味著，過去在黨國壓制下，那些無法宣之於口的政治主張，即將能夠大鳴大放。但是，有限度的「解嚴」仍然沒有歸還人們「主張臺灣獨立」的權利，蔣經國數度明確表示，即使政府允許反對黨成立，然而「他們不得從事任何分離運動」。

當時壓制臺獨言論的的法律依據，最主要是一九三五年以來，在中國大陸的中華民國政權在內亂外患背景下所修訂的《中華民國刑法》第一百條。其中規定「意圖破壞國體、竊據國土，或以非法之方法變更國憲、顛覆政府，而著手實行者」，必須受到司法嚴懲。所以，不只是「著手」有罪，連「意圖」也不被允許，這即是說，「主張臺灣獨立」仍是重大禁忌。

也因為這樣，即使在民進黨正式成立前後，出於「聯合統派的異議人士來共同反對國民黨」的策略性考量，也出於對於依舊未曾鬆動的「叛亂罪名」的忌憚，不少黨外、民進黨要員，依舊避免公開談論「臺灣獨立」這個敏感議題，或者有意無意地與主張更為激進的海外臺獨組織保持一定界線。當時更常使用「臺灣前途應由全體住民決定」這一有著相當模糊空間的陳述，畢竟，全體住民「在理論上」也可以選擇「回歸中國」。

但這種國家論述上的「曖昧」狀態，很快地就面臨一次無從閃躲的直球對決。一九八七年四月，黨外雜誌編輯鄭南榕在臺北金華國中演講，他站上講臺用臺語高喊：「我叫做鄭南榕，我主張臺灣獨立！」全場高亢歡呼。這句話在今天聽來已經平平無奇，然而，當時臺灣社會仍在「戒嚴」最後幾個月、《刑法》一百條也還是黨國體制用來箝制言論自由的利器，所謂臺獨主張明確地屬於「叛國」言論。因此大聲表白心中建國理念的鄭南榕，可說是戰後臺灣島上第一位「公開主張」臺灣獨立的人。

同年八月，「臺灣政治受難者聯誼總會」成立，蔡有全、許曹德兩人正式提案把「臺灣獨立」列入章程，兩個月後，兩人都因為「意圖竊據國土」罪名被當局起訴，後來分別判處十一年、十年徒刑。鄭南榕很快就組織了「蔡、許臺獨案救援會」，到全臺各地舉辦演講與遊行。

這也是第一次，「臺灣獨立」成為街頭運動的訴求。

隔年，鄭南榕再與黃華、林永生展開「新國家運動」，環島行軍四十天。此後數年，「臺灣獨立」儘管還是必須面對司法審判，但是臺獨議題終於光明正大進入公共領域，甚至有政治人物在政見中明列「建立新國家」來參與競選。

也在這段期間，鄭南榕主編的《自由時代周刊》接連登出海外臺獨運動者的專訪，又刊登了旅日學者許世楷《臺灣共和國憲法草案》全文。不到一個月，雜誌社被官方查禁，鄭南榕同時也收到了「涉嫌叛亂」傳票。

收到傳票後，鄭南榕認為所謂「叛亂」指控，是對於言論自由、民主理想的莫大污辱，於是他揚言不惜付出生命來抵抗卑劣的司法迫害，自囚於雜誌社裡數個月。一九八九年四月七日，在警方前來拘提的攻堅行動中，鄭南榕從容自焚死亡。消息傳出，全島震動，一九八九年五月十九日，數萬民眾參加了鄭南榕告別式，然後前往總統府抗議默哀。此時民進黨基層黨工詹益樺披上「生為臺灣人、死為臺灣魂」的布條，衝向警戒線鐵絲網，淋上汽油並點火殉身。為了爭取「公開主張臺灣獨立」的基本權利，兩位高貴、勇敢的靈魂，自願以身殉道。

鄭南榕追求臺獨立想的無畏決心，不僅在島內引發巨大回響，更加深了各海外臺獨組織「落葉歸根」的決心。當時政府有所謂限制政治異議人士出入境的「黑名單」，數年來海外臺獨人士已多次「闖關」，多半不得其門而入。然而鄭南榕死後不久，被高額懸賞兩百二十萬新臺幣的「臺灣獨立建國聯盟」主席郭倍宏，竟然在重重警察包圍中，戲劇性地現身於民進黨政見會，並且當場對群眾表明，海外臺獨運動者將要一一回到故鄉，「推翻國民黨，建立新國家」。儘管警方急忙上前逮捕這位通緝要犯，然而郭倍宏卻於此時與全場群眾同時戴上「黑名單」面具，彷彿是電影《V怪客》（V for Vendetta）經典場景，人人都是「叛亂犯」，就此在人海中消失無蹤。

一九九一年五月，「獨立臺灣會案」爆發，清大學生與社運工作者因為閱讀史明《臺灣人四百年史》，而遭到法務部以「內亂」罪名逮捕。消息傳出後，引發各界激烈抗爭。同年十月，民進黨也終於在全國黨員代表大會中，正式通過所謂的〈臺獨黨綱〉，內容推進了創黨時期較為曖昧的「自決」主張，明確揭櫫民進黨將要「依照臺灣主權現實獨立建國，制定新憲……重返國際社會」。

就在強大的各方社會壓力下，國民黨政府終在一九九一年廢除《懲治叛亂條例》、一九九二年修正《刑法》一百條，此後任何政治主張不再觸法，臺灣人終於獲得完整的「言論自由」與「國家認同自由」。令人欣慰的是，經過接近一世紀的時光、無數追求民族獨立的運動者付出生命與流亡的代價，時至今日，臺灣人民終於可以在沒有特務、惡法、國家暴力的脅迫下，大聲說出這個小島的愷切心聲：「我也主張臺灣獨立！」

（不過也請記得，這個美麗的理想仍未成真，我們只不過獲得了「主張」的權利，但是還未曾有「實現」的行動。）

參考資料

- 鍾逸人，《辛酸六十年》，自由時代，一九八八。
- 王詩琅，《臺灣社會運動史：文化運動》，稻香，一九八八。
- 連溫卿，《臺灣政治運動史》，稻香，一九八八。
- 許曹德，《許曹德回憶錄》，前衛，一九九〇。
- 黃紀男，《黃紀男泣血夢迴錄》，獨家，一九九一。
- 陳銘城，《海外臺獨運動四十年》，自立晚報文化出版部，一九九二。
- 魏廷朝，《臺灣人權報告書 1949-1996》，文英堂，一九九七。
- 葉欣怡，《臺獨論述與民進黨轉型》，臺灣大學社會學研究所碩士論文，二〇〇一。

- 張炎憲等，《臺灣獨立運動的先聲：臺灣共和國》，吳三連臺灣史料基金會，二〇〇二。
- 李禎祥等，《人權之路：臺灣民主人權回顧》，玉山社，二〇〇二。
- 黃昭堂，《臺灣新生國家理論：脫出繼承國家理論、分裂國家理論來促成新生國家的誕生》，現代文化基金會，二〇〇三。
- 陳佳宏，《臺灣獨立運動史》，玉山社，二〇〇六。
- 張炎憲等，《臺灣自救宣言：謝聰敏先生訪談錄》，國史館，二〇〇八。
- 柯旗化，《臺灣監獄島：柯旗化回憶錄》，第一出版社，二〇〇八。
- 陳翠蓮，《百年追求：臺灣民主運動的故事 卷一 自治的夢想》，衛城，二〇一三。
- 陳慶立，《廖文毅的理想國》，玉山社，二〇一四。
- 史明，《臺灣人四百年史》，史明出版社，二〇一四。
- 呂蒼一等，《無法送達的遺書：記那些在恐怖年代失落的人》，衛城，二〇一五。
- 吳叡人，《受困的思想：臺灣重返世界》，衛城，二〇一六。
- 高俊明等《高俊明回憶錄：磨難苦杯下的信仰與實踐》，前衛，二〇一七。
- 彭明敏，《自由的滋味》，玉山社，二〇一七。
- 王育德，《臺灣：苦悶的歷史》，前衛，二〇一八。

・陳儀深，《認同的代價與力量：戒嚴時期臺獨四大案件探微》，中央研究院近代史研究所，二〇一九。
・唐香燕，《時光悠悠美麗島：我所經歷與珍藏的時代》，春山，二〇一九。
・高金郎，《泰源風雲：政治犯監獄革命事件》，前衛，二〇一九。
・吳乃德，《臺灣最好的時刻 1977-1987》，春山，二〇二〇。
・胡慧玲，《臺灣之春：解嚴前的臺灣民主運動》，春山，二〇二一。

注釋

1 本文僅處理一九九二年之前的臺灣獨立運動。

第十一章
民主化運動

文／林靖豪

◎臺灣的民主運動歷經哪些重要事件，這些事件如何反應當時的政治控制與社會氛圍，又對往後的臺灣政治帶來什麼影響？

◎臺灣民主化運動採取了什麼樣的方法和策略？這個過程留下什麼值得反思的問題？

民主，既是一種政治思想，也是一種政治體制，在臺灣這片土地上，討論與傳播民主思想已有百年歷史。不過，我們目前所熟知的民主政府體制，則是在國民黨政府遷臺後，經過一連串國內外的政治變化而誕生。

在此過程中，追求民主化的社會運動扮演了重要的角色，形形色色，來自不同階層、有不同思想的人都曾熱切地參與其中。這當中，以辦雜誌宣揚民主理念，參與選舉，籌組政治反對勢力為主的路線，對當前臺灣民主體制的建立和運作，有著最深刻的影響。他們留下了許多想法與行動經驗，至今仍是許多人思考民主問題的基礎，其中的問題與爭議，至今仍然受到激烈的論辯。

「自由中國」與反對黨運動的濫觴

一九五〇年代，一群長年追隨國民黨，以反對共產主義為己任的中國自由主義知識分子，卻在臺灣見證了自由的消逝，他們對此不平而鳴，卻難挽傾頽，而最重要的媒介，是雷震所主導創辦的《自由中國》雜誌。

雷震，字儆寰，一八九七年生於浙江長興，赴日留學後，進入國民政府與國民黨，並一路受到提拔。在他的公職生涯中，最重要的工作莫過於在抗戰與內戰期間，與當時中國各黨派斡旋協調，完成《中華民國憲法》制定的程序。此時中國的政局已逐漸分裂為國民黨與共產黨兩強對立的態勢，但國民黨仍緊握著制憲與組織政府的主導權，而美國介入希望促成兩黨和解的嘗試也宣告失敗。

蔣介石當時打的算盤是一方面以武力鎮壓共產黨，一方面繼續完成制憲，但為了避免國民黨在形式上一黨制憲，他要求雷震說服反共的民主社會黨與中國青年黨參與制憲國民大會。民主社會黨主席張君勱是前一階段各黨派通過之憲法草案（政協憲草）的主要撰稿人，他起初拒絕參加國民大會，因為國民黨人企圖擴大總統職權，推翻憲法草案中，行政院長必須對立法院而非總統負責等原則。但最終在雷震的奔走之下，蔣介石為求制憲程序盡快完成，同意採取張君勱主導的憲法草案原則，終於完成制憲。這段經歷深刻影響了雷震對民主憲政理念的想法與堅持。

一九四九年初，國共內戰進入白熱化，國民黨節節敗退，蔣介石被迫下野，李宗仁接任總統，意圖與共產黨求和。雷震堅決反對，他認為「能戰始能和」，否則所謂和談僅是對中共投降。雷震於是與當時中國最知名的自由派知識分子胡適，及他在國民黨長官同志共商出版刊物，宣傳「擁蔣反共」路線，拉攏海內外支持者，並提倡自由主義及民主主義以反制共產主義。

這份刊物由胡適領銜任發行人，取名為《自由中國》。

雷震一面負擔黨政工作，一面積極推動出版《自由中國》的大小事宜，說服蔣介石政府為其出資，也拉到軍隊、政府部門、國營企業等許多單位的訂購。但當蔣介石在臺灣站穩腳步，完成對國民黨與政府權力的徹底掌握後，雷震與《自由中國》的作者們對蔣與國民黨的自由幻想開始破滅。

一九五一年，《自由中國》刊登一篇由夏道平執筆，題為〈政府不可誘民入罪〉的社論，批評保安司令部（警備總部前身）中某些不肖官員覬覦高額檢舉獎金，偽裝成資金需求者向人以高利率借款，再告發借款人，製造金融案件。保安司令部副司令彭孟緝對這篇社論極為不滿，揚言徹辦雷震，在政府的壓力下，《自由中國》於下期再刊登一篇「澄清」文章。

胡適讀了這篇澄清後，甚為憤怒，寫了一封信給雷震，信中說「《自由中國》不能有言論自由，不能有用負責任態度批評實際政治，這是臺灣政治的最大恥辱」，胡適並欲辭去發行人，以表達對該社論的支持，以及「對於這種『軍事機關』干涉言論自由的抗議」。在胡適授意下，雷震將此信刊登於《自由中國》。

胡適書信登出後，不但激怒了蔣介石，也使王世杰等過去與雷震一起發起自由中國運動的長官與黨內要人，開始與其疏遠。一九五二年，《自由中國》刊登批評救國團的社論，負責救國專事務的蔣經國對此至為憤怒，自此國民黨開始了對《自由中國》與雷震的打壓，雷震也逐漸被奪去在黨與政府中的職位。

不過《自由中國》不改針砭時政的風格，以自由言論對抗對言論自由的打壓，一九五六年的「祝壽專號」可謂是其代表之作。當年適逢蔣介石「七十華誕」，政府鼓勵社會各界提出建言，《自由中國》出版一本收錄了十六篇文章的專輯，可說是當時自由主義理念的集大成，刊末總結了「確立民主政治的制度」、「扶植有力的反對黨」、「有效地保障言論自由」、「實行軍隊國家化」、「保障司法獨立」、「教育正常化」、「從速召開反共救國會議」等七點訴求。

國民黨則發動旗下多份刊物，全力圍剿《自由中國》，甚至印發《向毒素思想總攻擊》小冊子進行反擊，也對印刷廠施壓。一九五八年，立法院修改《出版法》，給予政府不經法院就能直接查禁報刊的權力，《自由中國》對此全力抨擊，國民黨政府開始著手鎮壓計畫。

當形式上對言論自由的法治保障都不存在時，雷震對國民黨推動自由化的一絲期待可能都不復存在。在此同時，國民黨更強推蔣介石三連任總統，等於無視憲法的存在，《自由中國》雖對此大加撻伐，終究不可能力挽狂瀾。

一九六〇年，雷震積極投入籌組反對黨，打算以此作為下一階段民主運動的重點。此前，《自由中國》雖已對反對黨問題有過討論，但其立論主要是要求國民黨「扶植」反對黨，這當然不可能達成。此時雷震對此已無幻想，更積極邀請具有選舉實力的臺籍政治菁英高玉樹、李萬居、郭雨新等人，期望結合外省與臺籍菁英共組「中國民主黨」，整合出民主人士最大的政治力量。

組黨加上先前對總統三連任的攻擊，使蔣介石決定徹底鎮壓雷震與《自由中國》，雷震在一九六〇年九月被捕，《自由中國》不久後宣告停刊，最終雷震被以「知匪不報」和「為匪宣傳」兩項罪名判刑十年。

《自由中國》在論述與行動上對後續的民主運動都有重要影響，其對一黨專制的批判，成為後來民主運動者批評政府的核心主題，其主張言論自由和宣傳民主的行動路線，也為後來者所承繼，而新一代的行動者，更將許多抽象的概念，化成實際的行動，並與臺灣這塊土地產生關係。

「黨外」崛起，民主假期

青年知識分子成立《大學雜誌》，是新一波民主運動浪潮集結的起點。《大學雜誌》是七〇年代初最重要的政論刊物，接續了《自由中國》對時政長篇大論的風格，其中分析臺灣社會各階層的〈臺灣社會力分析〉、批評「特權集團」的〈國是諍言〉等文章在當時造成不小的反響。但《大學雜誌》鳴放了兩年多，遭受國民黨施壓，內部分裂。

在這段經歷後，《大學雜誌》中的兩個年輕編輯張俊宏、許信良思考出新的行動路徑。兩人都是國民黨的年輕菁英，他們認為，投入選舉，散播理念並結合民眾的力量是民主改革必走的道路。許信良受國民黨提名當選省議員，張俊宏則退黨參選臺北市議員，但並未當選。

張俊宏接著進入《臺灣政論》，這份刊物的發行人黃信介、社長康寧祥都是具有民主理念，並實際投入選舉的無黨籍政治人物，由於他們兩人活躍於選舉中，非國民黨籍的民主參選人逐漸被視為能夠挑戰權威的「黨外」勢力。

相較於《大學雜誌》的知識分子、思想風格，《臺灣政論》更著重對現實政治問題的討論，其中由姚嘉文撰寫的〈一百八十六比一的差異〉一文，指出高普考錄取名額因採大陸的人口比例，使得在臺外省人有比臺灣人高一百八十六倍的錄取率，直指政治制度的不合理性，引發熱議，也招來國家的敵意。

《臺灣政論》雖僅出版五期就遭查禁，不過民主運動的浪潮，才正要展開。

在成員逐漸年老凋零，以及國民黨面臨統治正當性不足的問題下，國民黨的「萬年國會」自一九六九年起逐漸開放部分的名額競選，這雖然不足以造成實質的政治改變，但中央民代的選舉卻提供了民主運動人士最重要的活動空間，讓他們有機會對全國性的政治問題直接發聲。在言論與集會自由極度受限的情況下，選舉是唯一能夠直接號召民眾宣揚理念，營造集體民主認同的機會，因為很多事情只有競選期間可以做，故這段期間又被稱作「民主假期」。

一九七五年的「增額立法委員選舉」是臺灣民主運動史上的一次重要轉折。當年多位非國民黨籍的候選人投入選戰，其中宜蘭選區的郭雨新，更捲起了一陣選舉風潮。郭雨新曾任青年黨籍的省議員多年，在省議會中常對國民黨提出批評，曾參與雷震的組黨計畫，也是《臺灣政論》中的重要角色，輩分資深。在該年的選舉中，他提出「言論出版的真正自由」、「集會結社的自由」、「充分的新聞自由」、「廢除戒嚴」、「國會全面改選」等從《自由中國》以來民主運動的主要訴求，吸引許多大學生與青年民主人士加入選戰。

結果，郭雨新得到八萬多票落選，但開票結果中廢票也多達八萬多票，且絕大多數是投給郭的選票，引發眾怒。郭雨新委託律師姚嘉文、林義雄提出選舉無效之訴，雖然最後敗訴，但並非無功而返，這次事件不但激起大眾對選舉舞弊的關注，更捲起「黨外」民主人士投入選舉的浪潮。

一九七七年，五項地方公職人員選舉合併舉行，許多新一代的黨外人士投入，包括林義雄、張俊宏等，而其中最受矚目的或許是競選桃園縣長的許信良。許信良為了參加這場對民主運動而言意義非凡的選舉，不惜脫黨與國民黨對抗，面對調查局出身的國民黨對手歐憲瑜，他的競選團隊採取創新的選戰策略，訴求以歡樂對抗恐怖，在競選總部立帳篷，懸掛氣球，張貼手繪海報，創造園遊會氛圍，還改編民間耳熟能詳的歌曲〈四季春〉當作競選歌曲，在大街小巷以宣傳車傳唱。

許信良成功地在桃園製造巨大的支持聲浪，然而「作票」的陰影仍然盤旋在支持者們的心頭，投票前夕有如作戰般的氣氛中，許信良團隊組成超過千人的監票隊，企圖杜絕可能的舞弊情事。

但投票當天，還是發生了大事。林火鍊醫師與邱奕彬牙醫兩人表示在中壢國小投票所中，目擊該投票所的主任監察員，即中壢國小校長范姜新林將兩位老夫婦投給許信良的選票以拇指按指印做成廢票，老夫婦聽聞此事後重返投票所要求補發選票重投，卻遭拒絕，還被帶到對面的中壢分局偵訊。

消息很快在桃園傳開，不滿的民眾逐漸在中壢分局外集結，成千上萬的群眾將分局前道路擠得水洩不通，有人開始對分局丟石頭，警局的玻璃都被砸爛。警方出動鎮暴車鎮壓，但連鎮暴車都被推翻，晚間，警察施放催淚瓦斯，並從制高點對群眾開火，衝突中兩名青年身亡，一名青年重傷。

這起事件使桃園其他開票所選務人員謹慎開票，每一張票都確實亮票，最終許信良以二十萬對十三萬票勝選。其他地區受桃園影響，也少有舞弊爭議，黨外勢力取得空前勝利，贏得四席縣市長，二十一席省議員，六席臺北市議員，一百四十六席縣市議員與二十一席鄉鎮市長。

這一年的兩件大事，預示了接下來兩年民主運動的奮進。中壢事件顯示臺灣人已經能突破戒嚴下的恐懼，走上街頭直接行動，而黨外勢力在此次選舉的收穫則為其政治勢力的集結大大地推了一把。但黑暗在光明的背後也快速醞釀著，中壢事件相對來說受到的鎮壓與後續的政治追殺較為輕微，但在一九七八年上任的總統蔣經國，卻已將之當作一大警訊，迅猛地籌備新的鎮暴工具與打壓策略。

黨外大集結與美麗島事件

乘著勝選氣勢，黨外人士打算集結能量，在中央民意代表選舉中開拓更大的黨外勢力。一九七八年，在黃信介帶領之下，張俊宏、林義雄、許信良、施明德等人組成「臺灣黨外人士助選團」，為全國的黨外候選人奔走助選。施明德於一九六二年因「臺灣獨立聯盟案」被判無期徒刑入獄，一九七七年才因獲減刑出獄，隨即投入選戰，協助蘇東啟的妻子蘇洪月嬌競選省議員。

黨外人士助選團提出十二大政見，包括中央民代全面改選、省市長直接民選、解除戒嚴、軍隊國家化、開放黨禁報禁、禁止刑求與非法逮捕囚禁等，也包含實施全民健保和失業保險、制定勞動基準法、制定防止環境污染法、反對省籍和語言歧視等。除了政治、司法改革外，也包含社會環境立法，在共同政見的凝聚下，「黨外」已如「沒有黨名的黨」了。

助選團奔走全臺，獲得廣大支持，就在前景看好之際，打擊卻突如其來。一九七八年十二月十六日，美國宣布將於隔年一月一日與中華民國斷交，並與中國人民共和國建交，蔣經國隨即下達緊急命令，宣布大選延期，並立即停止競選活動。

面對這場危機，黨外找來前高雄縣長，也是非國民黨政治人物中擁有相當高份量的余登發共同發表〈黨外人士國是聲明〉，聲明：「我們反對任何強權支配其他國家人民的命運，我們堅決主張臺灣的命運應由一千七百萬人民來決定。」以人民自決為號召，黨外預計在隔年春節巡迴全臺，務必不讓選舉的氣勢就此斷掉。

然而新年未到，政府已下手鎮壓。余登發父子被以涉嫌叛亂逮捕，然此案純屬捏造，國家利用另案被告吳泰安誣告余登發，吳泰安事後遭判決死刑槍決，預示了接下來幾年的血腥整肅。

這時，黨外面臨沉重抉擇，對此打壓，該做出什麼樣的回應？運動走到這裡，以不再為戒嚴體制所侷限，黨外迅速決定採取直接行動，於余登發父子被捕隔日，南下高雄橋頭發起遊行，這是戒嚴下第一次由黨外號召的示威行動。

不過，國民黨政府速審速決，僅四個月後就做出判決，余登發被判八年徒刑。全程參與遊行的桃園縣長許信良，也被秋後算賬，遭以「擅離職守」為由彈劾，黨外以為許信良慶生的名義舉行集會，上萬人參加，街頭警察荷槍實彈，氣氛緊張。

時局劇烈變化，黨外認為確保宣傳工具，繼續擴散運動理念，是當下最重要任務，於是開辦《美麗島》雜誌。根據施明德的說法，開辦雜誌，也是為了推動組織串連，形成沒有黨名的黨外。雜誌一出，一時蔚為潮流，卻也激起反黨外陣營激烈反制，《美麗島》創刊酒會遭人砸場，高雄、屏東服務處也接連被砸，同時許多其他黨外雜誌，立場橫跨左右統獨都被當局查禁，局勢越發緊張。

十二月十日，《美麗島》雜誌預計在高雄市扶輪公園舉行世界人權日演講會，但前一天晚上兩位開宣傳車的志工遭警察逮捕痛毆，警總高雄區戒嚴司令部更下令隔日實施宵禁，禁止集會遊行。但支持者隔日仍然照常集結，在原訂演講會的時間，上千民眾集結服務處前，警方原本承諾「可以演講，不可遊行」，但演講會場卻已被重重警力與鎮暴部隊封鎖，而服務處前隊伍也被鎮暴部隊包圍，晚間十點，鎮暴部隊對群眾出擊，衝突爆發，直到午夜才結束，此即「美麗島事件」。

事後，國民黨火速秋後算賬，逮捕黨外領袖與參與民眾，其中黃信介、施明德、姚嘉文、張俊宏、林義雄、林弘宣、呂秀蓮、陳菊等八人被以顛覆政府起訴，將接受軍事審判，可能被判死刑。另外有三十三位由檢察官起訴，案件繫屬於普通法院。被捕者在看守所中皆遭受殘酷刑求，逼迫認罪，而一九八〇年二月二十八日的一場血案，更是臺灣民主運動史上永遠的悲劇。

當天，被告林義雄的妻子方素敏趕赴軍事法庭的第一次調查庭，與家裡聯絡卻未有人接聽電話，擔心之下她委託林義雄的助理田秋堇回家查看，卻驚見其長女林奐均被刺重傷倒地，而其母游阿妹被刺身亡，稍晚，又在地下室發現兩個雙胞胎女兒林亭均與林亮均的遺體。

此案經過漫長調查無果，促轉會在二〇二〇年的調查報告指出，林義雄身為重要的黨外領袖，其住家長期被情治單位監控，兇手竟能在監控下進入行兇，顯示情治單位本身即有犯案嫌疑。此外，曾有一捲錄有嫌犯聲音的錄音帶在調查過程中被銷毀，但掌握該關鍵物證的國安局無法說明為何該錄音帶會遭銷毀。

美麗島審判在國內外都備受關注，迫於國際壓力，國民黨同意公開審判，並同意將開庭的紀錄公開於報紙上，使美麗島大審成為一場全民關注的世紀大審，這是首次此類政治審判中，被告的陳詞得以公之於眾，對後續民主運動的支持有很大推力。在眾目睽睽的壓力中，美麗島被告雖免於死刑，但仍遭重判，施明德被判無期徒刑，其他人也都被處以十二年到十四年的有期徒刑。

黨外組黨與爭取百分之百的自由

一九八〇年十二月，因與美國斷交停辦的選舉復辦，美麗島受難者家屬與辯護律師以延續黨外香火的號召投入選舉，贏得許多民眾支持，此後黨外在中央的增額立委選舉與地方選舉持續擴大實力。

另一方面，國際局勢在此時也有變化，由鄧小平領導的改革開放確立了中國融入世界秩序中，國民黨威權政府在國際上的正當性備受威脅，而美國國會也開始將臺灣的人權問題提上檯面。八〇年代兩次的血腥刺殺，更促使美國對臺加大民主改革壓力。

一九八一年，在美國卡內基美隆大學統計系任教的陳文成返臺探親，他是臺灣民主運動的長期支持者，七月二日，他被警總帶走約談，隔日被發現陳屍在臺灣大學研究生圖書館旁。警總起初聲稱陳文成是自殺或意外掉落，但美國強力要求派法醫到臺調查，負責調查的名法醫魏契認為他唯一可能的死因是他殺，然而政府拒絕魏契將遺體部分組織帶回美國進一步調查。在陳文成案的調查過程中，國民黨在美國校園的特務監視活動也被揭露，讓美國大為不滿。

陳文成案至今仍未能破案，促轉會二〇二〇年的調查報告指出，當時警總聲稱他們約談後有釋放陳文成，但現有檔案證據並無法支持這個說法，而調查也顯示陳文成遺體被發現的現場非第一現場，遺體狀況顯示他殺的可能性較高。

一九八四年，住在美國的作家劉宜良遭射殺，他曾以江南為筆名出版一本《蔣經國傳》，對蔣多有批評，美國聯邦調查局發現嫌犯是在洛杉磯活動的竹聯幫分子，但竹聯幫幫主陳啟禮隨後被掃黑行動逮捕，竹聯幫成員張安樂與國安局談判失敗，把情報局長汪希苓買兇犯案的證據錄音帶交給聯邦調查局，國民黨飽受國內外譴責。

一九八五年，臺北市第十信用合作社（十信）爆發超貸弊案，掌管十信的國泰集團蔡家憑藉在政商界的影響力，不斷擴大集團規模，在資金不足的情況下，以員工人頭向十信超額貸款，又動用員工存款，此案經中央銀行調查揭露後，引爆擠兌浪潮，許多人擔心領不到積蓄，人心惶惶，也暴露國民黨經濟治理與貪贓枉法的問題。

面對種種錯誤帶來的正當性危機，加上鄰國菲律賓爆發人民力量革命，獨裁者馬可仕被迫逃亡的國際民主浪潮，一九八六年，當黨外勢力在籌備多年後宣布將不顧黨禁組成「民主進步黨」時，蔣經國最終選擇妥協，並在隔年解除戒嚴。

但反對黨成立與解除戒嚴並非威權體制的終結，解除戒嚴後政府旋即施行《動員戡亂時期國家安全法》，仍然禁止「違背憲法或主張共產主義，或主張分裂國土」的集會結社，也握有拒絕被通緝的「黑名單」人士入境的權力，同時，惡名昭彰的刑法一百條（顛覆政府）及懲治叛亂條例仍未廢除，因此各種爭取自由的運動仍持續不歇。

一九八九年，《自由時代》雜誌創辦人鄭南榕因刊登一篇主張臺灣獨立的文章被控叛亂，他將自己囚禁在雜誌社內，以生命和政權對抗，捍衛自己宣揚政治主張的言論自由，四月七日凌晨，警方強硬攻堅，鄭南榕引火自焚。鄭南榕是八〇年代活躍的民主運動者，除了發動廢除戒嚴行動外，也主張平反二二八、平反政治犯及臺灣獨立等。

八〇年代後的社會運動

一九八〇年代，不只是民主運動挑戰威權體制，爭取政治自由的時代，也是社會不同階層，不同群體為自己的權益與主張發聲、抗爭的社運年代。

高速的經濟成長是國民黨之所以能維持長期威權統治的關鍵因素，但發展的果實分配並不平等，勞工薪資成長不及經濟成長，高工時更是問題。一九八七年，臺灣勞工每周平均工時達四十九個小時，職業災害與職業病的預防及補償更是付之闕如。勞工要提升勞動條件，就要靠自主的工會組織與資方談判爭取，但國民黨長年掌握工會組織，因此勞工與勞工運動者展開自主工會運動，組織獨立工會挑戰原有權威，客運、紡織等產業更大膽發動罷工，政府也不惜出動警察鎮壓。

另一方面，經濟發展帶來的負面環境後果，長期不均地集中在農漁村地區，破壞農漁民生計與生存環境，各地農漁村面對污染與開發，紛紛成立自力救濟的組織。一九八六年，鹿港人發起廣大運動反對美國杜邦公司設廠，引起全國關注，吸引青年學生走入社會，迫使杜邦暫停計畫。知識分子及中產階級也成立非政府組織，要求政府與社會關注空氣、水及垃圾等各種污染問題。

長年重工業、輕農業的政策，加上自由貿易帶來的衝擊，使農民也走上街頭。一九八八年五月二十日，由農民權益促進會發起的爭取農權示威在臺北街頭展開，鎮暴警察強力鎮壓示威者，多人受傷及被捕，是八〇年代最激烈的街頭抗爭，史稱「五二〇」農運。

長期在臺灣社會受到壓迫的群體也組織起來。在父權社會中飽受不平等對待，甚至暴力侵害的女性開始組織發聲，一九八二年，《婦女新知》雜誌創刊，推動爭取墮胎合法化、反對離妓人口販賣、爭取性別工作平等與家暴、性騷擾防治立法等議題；而在文化、經濟與政治等各層面備受宰制的原住民，也組織起來為保留族群歷史文化，對抗各方面的歧視而戰，展開正名運動、反對吳鳳神話、驅逐蘭嶼核廢料、還我土地等許多行動。

社會運動的蓬勃發展對從「黨外」到組成民進黨的民主運動者而言，雖可說是共同對抗威權體制的盟友，卻也對其路線與發展帶來新的挑戰。美麗島事件後，黨外的政治人物與運動者就運動應該採溫和而不與政府硬碰硬的「議會」路線，還是對政府採對抗姿態的「運動」路線有激烈爭辯，這也涉及到一個運動戰略的問題，也就是民主運動是否應該像過去一樣聚焦在選舉活動與培養黨外政治菁英，抑或是與不斷興起的社會運動結合，以群眾組織為目標？

不過，隨著威權體制的瓦解與政治自由的開放，在民進黨內，這個爭議也逐漸平淡，以選舉爭取政治支持一直是主流意見。反倒是對不具政黨身分的社會運動者而言，與政黨及民主政府之間，應該採取合作改革的路線，抑或是獨立於政黨外注重群眾組織的路線，則成為不斷受到討論與爭議的問題。社會議題的改變過程往往很緩慢，需要透過持續的倡議與動員，引起社會的關注後才能取得進展，與政黨合作雖然可以取得改革所需的資源和關注，卻可能在過程中妥協折衷，放棄部分目標，且社會議題涉及的多元利益與意見，也不見得能在政治協商過程中都被平等的保留下來，弱勢者的聲音更容易被忽略。這樣的矛盾至今仍體現在許多議題上，也考驗著我們的民主體制與社會運動。

參考資料

- 胡慧玲，《臺灣之春：解嚴前的臺灣民主運動》，春山，二〇二〇。
- 薛化元，《民主的浪漫之路：雷震傳》，遠流，二〇二〇。
- 吳乃德，《臺灣最好的時刻，1977-1987：民族記憶美麗島》，春山，二〇二〇。
- 吳乃德，《百年追求：臺灣民主運動的故事 卷二 自由的挫敗》，衛城，二〇一三。
- 促進轉型正義委員會林義雄宅血案調查報告 2020/02/28：
  https://www.tjc.gov.tw/statistics/8
- 促進轉型正義委員會陳文成案調查報告 2020/07/01：
  https://www.tjc.gov.tw/gazettes/185

附錄一：轉型正義下的人權教育

文／何友倫

臺灣的轉型正義路徑，由於一開始就走上金錢補償的選擇，使國家的政策、法律幾乎以政治受難者為中心。民間或政府並非沒有嘗試進行受難者的平反或創傷療癒工作，而是轉型正義理當是一個國家性、社會性的整體工作，但過去卻長期以當事人的案件為範疇。早至解嚴後的平反運動，晚近立法院制定《促進轉型正義條例》，促進轉型正義委員會成立，國家人權博物館揭牌成立，這些工作幾乎均由威權統治下的受害者或少部分關心的民間團體率先倡議。為什麼直到解嚴三十多年，轉型正義的觀念在臺灣始終未能在社會扎根，甚至捲動多數人民參與反思？如何讓更多人了解轉型正義，讓民主價值在臺灣社會扎根？本文試圖從與轉型正義相關的人權教育切入，說明臺灣的轉型正義人權教育有什麼特殊性，以及需要注意的重點。

重塑轉型正義在臺灣

轉型正義的幾項主要工作：真相公開、究責加害人、平反受難者，或許可以從字面理解具體指涉的內容。然而，「確保不再發生」（Never Again）卻因定義模糊，在臺灣的實踐不受社會大眾重視，甚至有人懷疑與轉型正義有什麼關係。追本溯源，似乎與長期以來我們將轉型正義理解為受害人的正義問題有關，是非對錯侷限在裁判當中，若身邊沒有受難者，就以為轉型正義與自己無關。這種現象與解嚴後，國家將轉型正義的路徑框架在當事人權利受損的想像有緊密的關聯，因此《促轉條例》也花費極大的努力處理以前權利受損路徑造成的不足。然而如何將轉型正義從當事人擴散至社會大眾，甚至帶動社會討論相關議題，似乎除了中正紀念堂存廢、蔣銅像移除、國幣改版等顯著造成社會衝擊的事件外，付之闕如。

雖然「確保不再發生」的討論度較低，然而其對於社會的影響卻是批判性、全面性的，因其勾勒一個從威權走向民主的未來藍圖，它告訴社會大眾，關於未來應該如何、哪些制度需要調整，如何避免重蹈覆轍。我們或許以為不需要擔心臺灣再次走回威權的老路，但是，鑒於東歐的民粹主義結合新威權主義大行其道，不禁令人擔心民主與人權是否真的深入臺灣人的日常生活？難道解嚴後，民主與人權自然地成為臺灣人內建的 DNA ？答案可能是否定的，威權與民主顯然是政治制度的兩個極端，中間仍然充滿各種灰色地帶，我們可能一方面維繫著民主的形式，但政策內容仍然踐踏著人權。也可能平時各種進步價值共存，在某些時刻卻又成為非此即彼的選擇，例如環境保護與經濟發展的衝突。更顯著的是分裂的統獨認同，使諸多價值在政治面前不堪一擊，這個現象也與大家對於最基礎的組成社會的共同價值欠缺共識有所關聯。

大家都知道共識的重要性，畢竟在民主社會中，我們共享有關民主、人權、法治的想像。也唯有如此，我們才確知臺灣社會在未來可以持續作為一個充滿自由與尊重人權的國家。真正的問題是：怎麼建立共識？應該在什麼階段建立？

有許多方式可以建立共識，但透過「人權教育」或許是每個歷經轉型正義的國家都會使用的方法，因為人權教育可以鑲嵌在體制內或外，甚至在不同階段教育制度，因此它具有廣泛實施的可能，讓受教育者可以深刻地反省過去的不義，瞭解當代社會如何避免再次發生類似的事情。

人權博物館的校園人權教育經驗

國家人權館推動人權教育的工作方法與一般人權教育有一個顯著的差異，即人權館從事的人權教育更重視從白色恐怖的歷史情境中，抽取人權侵害的要素。換言之，我們必須兼顧歷史的複雜面向及人權的多元性。

人權教育在國民教育的階段如果可以跨學科，有助於多元教學之實踐，尤其在議題融入的教學導向下，各種科目都有機會討論人權的議題。然而對應傳統學科的分類，會發現歷史複雜面向及多元人權性仍侷限在歷史科及公民科，這是轉型正義人權教育普遍面臨到的問題：無法成為整個教育現場共同銜接的工作。另一方面，白色恐怖在臺灣仍是缺乏共同語言的議題，為了避免爭議，寧可以德國納粹為例，使學生對於國外經驗可以信手捻來，對自己的土地卻非常陌生。

人權館根據館校合作的經驗，提出三個教學上適用的原則：連結當代人權、藝術介入、鼓勵實作產出，希望有助於教學現場的運用與轉化。

・連結當代人權

轉型正義教育容易流於「歷史知識」的灌輸，我們急於讓同學知道過去發生什麼事。對於白色恐怖的討論，往往集中在受難者發生了什麼事？什麼是戒嚴？限制什麼權利？然而解嚴後出生的同學，經常認為過去的事情與自身關係不大，如何激發同學認知過去發生的事情與自己有關，在當代社會仍然可能面臨類似的問題，是引導同學進入轉型正義教育的第一步。

建構民主社會鞏固的基礎，是轉型正義的人權教育目標，「確保不再發生」，需要社會上每一個人的努力，若只是了解歷史並不足夠，我們需要建構一個有關民主、人權的價值體系，因此白色恐怖的歷史，必須與當代人權產生連結，讓同學們透過歷史，認識人權保障的意義為何。

我們曾經以髮禁作為轉型正義教育的一個討論題目。髮禁與禁歌、禁書一般，是認識白色恐怖最入門的方式，不過髮禁具有更高的討論潛力，尤其許多學生有類似的經驗。一般來說，髮禁最基本可以討論戒嚴時期為什麼有髮禁？對於當時的社會有什麼影響。若停留在此，教學只是歷史知識的探索，但我們可以進一步追問，髮禁對個人的意義是什麼？國家透過強制剪頭髮，想要達成什麼樣的目標？身體成為國家管理的對象之後，身體還是自己的嗎？這些討論可以延伸到非常多項目，幾次的經驗也讓我們發現同學可以輕易將歷史的事件，連結到當代的人權價值。

轉型正義下的人權教育，需要產生有行動力的知識，對於歷史的認識，不能僅停留在過去發生悲劇、對當時遭逢不幸的人感同身受的層次，當我們知道一個人權侵害的事件，不會希望只是知道，而是思考如何停止。因此感受應該嘗試轉化，提出解決或改變的方案。

• 藝術介入

透過不同的藝術形式介入歷史，是我們致力轉型正義跨領域教學經驗中，最重要的實踐方式。透過藝術的形式，我們有機會跳脫傳統課堂講授性的課程，並訓練同學透過不同媒材、角度思考轉型正義的硬知識。最重要的，是藝術具有高度的感性，培養同學產生共感。

人權教育擔心過猶不及，有些可能過度理性，讓同學無法對歷史產生共感；另一種則是過度強調感受，希望同學藉由感性思維而「覺醒」，關心國家的歷史，以上兩種極端對教學均可能產生負面效果。過度理性的教學，可能使同學完全無視自己生長的土地發展的不幸，甚至可能認為臺灣的白色恐怖造成的傷害，不如二戰後其他國家發生的災難。理性的教學也可能產生另一種情形，即同學機械式地理解白色恐怖，忽視人性的複雜。過度強調感受、共感，可能讓學習停留在情感層次，無法進入批判、反思的階段，同學可以反對白色恐怖、對於政治受難人遭受的苦難感同身受，但卻無法與不瞭解的人對話，再更極端一些，可能會加劇社會對於白色恐怖的歧異。

藝術介入的教學方法，旨在調和「理性」、「感性」的教學方法走到極端的情形，同時也讓學生透過感官認識白色恐怖。教學方法上，經常以體驗式的方向思考。人權館曾設計一個空間體驗的教案，由講師從刑罰空間的角度切入，向同學介紹白色恐怖的歷史背景，下一階段由藝術家帶領，邀請同學回憶自己的臥房，並以預備的材料製作，再下一階段是將每個人的臥房拼成一個封閉的圓圈，當每個人介紹完自己的房間後，必須進到圓圈中。當所有人介紹完、進到圓圈後，由藝術家及人權館講師點出大家正在體驗過去受難者面臨的身體不自由的情形，並且請他們對照自己的身體經驗，分享自己參與課程的想法。

藝術介入教學方法，目的在於促進同學依照感官去認識白色恐怖，它不是知識的灌輸，不需直白地揭露教案設計的目的，而是由感受慢慢積累，鼓勵同學自己探索及感受。

- **鼓勵實作產出**

若轉型正義教學限於歷史細節的敘述，而欠缺批判性、反思性的教學引導，容易使歷史被窄化。每個人有能力自己搜集資訊、拼湊細節，但是課堂上集思廣益的氣氛沒辦法複製，透過課堂的討論有助於深化轉型正義的思辨層次。

知識或感受必須經過轉化與吸收才會深刻，如何讓同學產出屬於自己的內容而非只是資料蒐集整理，是人權館轉型正義人權教育的目標之一。鼓勵學生發問，挑戰所謂的「政治正確」，有助於思辨，然而過程並非理所當然。討論的環境需要被建立，讓同學在過程中自在地提出反思。

單向的授課方式不容易促進學生進一步思考，採取分組討論並給予回饋，有助於同學思考。若有更長的課堂時間，或許可以設定不同的課程目標，讓教學內容產生更為具體的課堂成果。在我們的經驗中，邀請同學結合在課堂學習到的白色恐怖歷史、參訪不義遺址、觀看轉型正義主題的電影等各種素材，創作屬於自己的作品，是深具潛力的教學方法。人權館曾協助幾個方案，如戲劇、小誌、展覽等，每一個成果均由同學自己完成，我們在其中看到充滿各種有創意的思考與想像，很多時候，同學敏銳、沒有包袱的思考，往往才是轉型正義最重要的價值。

透過大展身手的實作，展現具有高度的原創性，每個小組或個人都會產出完全不同的內容，將白色恐怖的知識、感受與個人生命經驗揉雜所產出的成果，是個人對於白色恐怖最直接的思考與反省。藉由書寫、創作，同學反覆地思考與辯證白色恐怖與自己的關係。深刻的反省，是非常個人的，教師、藝術家等他人均無法代替。鼓勵實作的另一個好處，是讓同學們成為轉型正義的行動者，書寫、創作的過程除了與自己對話，也必須思考如何與觀眾對話，因此同學們可以學習到不同媒材的溝通方式，學習一套社會對話的溝通方法，這個「賦權」的過程，是人權教育很重要的目標。

附錄二：

轉型正義人權教育的指引

文／何友倫

白色恐怖／威權統治的定義

根據《促進轉型正義條例》，威權統治有明確的時間斷點，但它的本質是什麼？伴隨多年的研究，我們可以約略說出白色恐怖／威權統治的定義，即不屬於自由民主憲政秩序的統治形式。國民黨政府透過各種法律制度，建構一個黨國不分的國家體制，這個體制以意識形態掛帥，侵害人民憲法上的各種權利。

討論白色恐怖，可以從根本的定義下手，白色恐怖的本質為何？相反的，也可以從現象歸納，什麼特質會被辨認為威權統治？在我們的經驗中，用歸納的方式比較容易受到同學的接受，而且隨著檔案史料的出土，新的事實也可以被理解為威權統治。

精準的用語

轉型正義人權教育令人卻步的原因，除了複雜的歷史外，更因為其背後龐大的法律知識。國家在這段期間的權力運作還有許多不為人所知，造成很多名詞混用、誤用，例如起訴前政治犯是受到羈押嗎？還是因為不符合令狀原則，所以使用拘禁？因此教學上，如何將威權統治時期的國家行為對應到法律名詞，關係到我們如何評價國家與人民的關係，建議可以先花時間跟同學討論這些法律用語的意義，引導學生產生自己的判斷。

轉型正義其中一項工作是究責，當我們跟學生說我們需要追究加害者責任，同學跟老師可能理解為完全不同的形式，例如是刑事責任？還是行政的責任？兩者分別對應了不同的處罰方式。為了避免這樣的情形，轉型正義的人權教育應該盡可能地使用精確的語言。若目前沒有統一的說法，也需要不怕麻煩地，將自己的所指用各種用語描述。

避免簡化，造成刻板印象

在有限的教學時間，如何呈現複雜的議題，同時兼顧每位同學是否吸收？簡化歷史、發展教案，讓課程可以被操作化似乎成為唯一解決方案。然而簡化的同時，也犧牲白色恐怖中，最複雜的人性討論，甚至也可能因為太複雜、太爭議，而選擇最安全的案例介紹，例如目前的課本談白色恐怖，以雷震案、美麗島事件為主；又或者主張暴力推翻威權統治的政治犯，與閱讀書籍被抓的知識分子在犯罪的評價上有什麼不同？

政治受難者的生命都是獨一無二，如何選擇適合課程的案件沒有標準，唯一重要的原則，是盡量完整呈現白色恐怖的不同面向，避免造成刻板印象。曾經我們以為大多數受難者是冤、錯、假案，是威權統治下的無力受害者，但事實往往更為複雜，許多受難者在歷史中具有能動性，不只是威權統治下蒼白的受難者。

呈現受難者與加害者的複雜性

傳遞政治受難者的生命故事，可以豐富轉型正義的人權教育，立體化我們對於白色恐怖的認識，評價加害者的責任，有助於提醒我們，人在不同處境下總是有選擇，只是選擇需要付出代價。然而這並不是說我們要兩極化受難者與加害者，因為在歷史的情境中，並不總是有標準答案。

不同省籍、階級、性別的受難者都有不同的困境，如同前面所述，呈現他們的故事應該重視其中的複雜性，我們提到外省籍的受難者，除了雷震、孫立人等權力核心的人以外，似乎很少注意到外省籍受難者也包含底層的士兵。左翼的省工委案件，似乎也總是連結到知識分子，忘記裡面有更多的工人、農民。受難者的生命故事可以協助我們更快進入歷史的脈絡，但教育者應該告訴受教育者選擇特定案例的原因。

加害者則是另一個需要謹慎的問題，伴隨轉型正義有關究責加害者的討論日益浮現，加害者也逐漸進入教學現場。如同本書在不同地方皆提到的，戒嚴和動員戡亂體制就是一個加害體制，在不同階段都有人分攤不同的加害工作，每個人的角色、應該承擔的責任，需要細緻地區分。在加害體制還在研究的階段，我們除了傳遞加害者的行為應予譴責外，更重要的是讓學生理解反抗體制需要付出的風險，避免政治正確讓他們「浪漫化」不遵守命令。

・審稿人

黃丞儀，中央研究院法律學研究所研究員、國立清華大學科技法律研究所合聘教授，芝加哥大學法學博士。研究領域為比較行政法、轉型正義、憲法理論、法律與社會、臺灣法律史。學術作品散見 *Law & Social Inquiry*、*Taiwan Journal of Democracy*、*Washington Journal of International Law*、*Oxford Handbook of Comparative Administrative Law*、《臺大法學論叢》、《世新法學》等刊物。曾經擔任臺灣民間真相與和解促進會理事長（二〇一六－二〇一八）、臺灣人權促進會副會長（二〇一一－二〇一二）。

・主編

蔡雨辰，沃時文化執行總監。曾主編《電影裡的人權關鍵字》系列書籍、主持「畫話：人權教育繪本徵選計畫」，並為多家文學、電影、藝術媒體撰寫評論與人物專訪。近年工作重心為知識轉化與教育培育。

・作者

孫世鐸，朝陽科技大學傳播藝術系兼任講師，《電影裡的人權關鍵字》系列叢書共同作者，做以藝術和電影為方法的教師與兒少培力以及政治工作。

陳冠瑋，臺北人，臺大法律系公法組碩士，曾任職於律師事務所及公部門，現為德國慕尼黑大學法律系博士生，研究興趣為憲法和人權保障。

黃齡萱，成功大學法律學系碩士班畢業。曾任民間司法改革基金會研究員、促進轉型正義委員會副研究員，為促轉會二〇二〇年公布之「陳文成案調查報告」撰稿人之一。

高毅，臺灣大學法律學研究所碩士，因參與第三屆模擬憲法法庭而接觸轉型正義，曾任促進轉型正義委員會副研究員，即使過了好幾年天天埋首於古老檔案的日子，仍然還在學習如何把故事說得更淺顯易懂。現為執業律師。

張維修，臺大建築與城鄉所博士、民間真相與和解促進會理事，長期關心空間正義議題，主要研究範圍為文化資產、都市政策及環境永續發展。

林傳凱，歷史社會學者，投注於戰後人民抗爭史，爬梳士、農、工、商、軍、公教等場域的抗爭軌跡。近年投入「歷史鄉鎮化」，嘗試將白色歷史帶回原鄉，邀請當代人迴響，並與創作、教育、群眾工作者與各地民眾協力前行。

林運鴻，文字工作者，熱愛人文社科與通俗文化，也關心不美好不正義的種種現實。發表見於鳴人堂、博客來 OKAPI、Openbook 閱讀誌、《春山文藝》、《聯合文學》、《幼獅文藝》等。聯絡請寄：picaball@gmail.com。

林靖豪，現為雜誌撰述，近年報導主題包含臺灣人權、環境、勞權、土地、貿易等問題，亦曾跨國採訪中國勞工、香港反送中、一帶一路建設等主題。曾合著《電影裡的人權關鍵字：雨季不再來》。

何友倫，臺灣大學科際整合法律學研究所碩士，現任職於司法院，規劃加強司法與社會對話相關工作。曾任國家人權博物館專案助理，承辦白色恐怖景美紀念園區主題展、臺灣國際人權影展、校園人權素養課程等。致力於人權與歷史教育，希望透過文字與影像轉化生硬的議題。

永遠不再－臺灣威權體制下的壓迫與抵抗

合作出版：國家人權博物館、奇異果文創事業有限公司

作者：孫世鐸、陳冠瑋、黃齡萱、高毅、張維修、林傳凱、林運鴻、林靖豪、何友倫
審稿：黃丞儀
主編：蔡雨辰

國家人權博物館
發行人：洪世芳
編審委員：陳玉金、湯世鑄、詹嘉慧
地址：新北市新店區復興路 131 號
電話：02-22182438

奇異果文創事業有限公司
總編輯 ：廖之韻
創意總監：劉定綱
執行編輯：錢怡廷
美術設計：Johnson
地址：臺北市大安區羅斯福路三段 193 號 7 樓
電話：02-23684068

初版：2023 年 9 月 6 日
ISBN：978-986-532-865-8
GPN：1011201002
定價：新臺幣 380 元

國家圖書館出版品預行編目(CIP)資料

永遠不再 / 孫世鐸，陳冠瑋，黃齡萱，高毅，張維修，林傳凱，林運鴻，林靖豪，

何友倫作. -- 初版. -- [新北市]：國家人權博物館；

[臺北市]：奇異果文創事業有限公司，2023.09

面；　公分

ISBN 978-986-532-865-8(平裝)

1.CST: 人權 2.CST: 白色恐怖 3.CST: 政治迫害 4.CST: 文集

579.2707　　　112012620